AF509588

# MANUEL

# DU CHANTRE.

# APPROBATION.

MELLON JOLLY, par la miséricorde divine et la grâce du saint Siége apostolique, Evêque de Séez.

Nous avons fait examiner un ouvrage publié par M. Gomant, Curé de Saint-Symphorien, en notre Diocése.

Sur le témoignage favorable qui nous en a été rendu par M. Deniset, professeur de musique à Séez,

Avons, par ces présentes, approuvé ledit ouvrage ayant pour titre : *Manuel du Chantre*. Nous le recommandons spécialement au Clergé de notre Diocèse, pour lequel il est destiné.

Donné à Séez, en notre Palais Episcopal, le trente Septembre mil huit cent trente-sept, sous notre seing, notre sceau et le contre-seing de notre Secrétaire-Général.

† MELLON JOLLY, *Evêque de Séez.*

Par Mandement de Monseigneur,

Soulbieu *Chan. Hon., Secrét.-Gén.*

PARIS. — IMPRIMERIE D'ADRIEN LE CLERE ET C<sup>ie</sup>,
QUAI DES AUGUSTINS, N° 35.

# MANUEL

# DU CHANTRE

**CONTENANT**

1° UNE NOUVELLE MÉTHODE DE PLAIN-CHANT; 2° LES ÉLÉMENS COMPARÉS DE LA MUSIQUE ET DU PLAIN-CHANT MUSICAL; 3° UN AMPLE RECUEIL DE PIÈCES DIVERSES, DONT BEAUCOUP DE NOUVELLE COMPOSITION, OU L'ON TROUVE TOUS LES KYRIE, GLORIA, CREDO, SANCTUS ET AGNUS DES DIMANCHES ET FÊTES DE L'ANNÉE; UN CHOIX NOMBREUX DE MOTETS ANCIENS ET NOUVEAUX; PLUSIEURS ANTIENNES A LA SAINTE VIERGE; LES VÊPRES ET LES COMPLIES DU DIMANCHE, ETC.

## OUVRAGE UTILE

A TOUS LES DIOCÈSES ET SÉMINAIRES, A TOUS LES ECCLÉSIASTIQUES, CHANTRES, INSTITUTEURS, MAITRES ET ELEVES DE CHANT,

## Dédié

## A Mgr L'ÉVÊQUE DE SÉEZ,

*Par M. Gomant,*

CURÉ DE SAINT-SYMPHORIEN-DES-BRUYÈRES.

## PARIS.

LIBRAIRIE D'ADRIEN LE CLERE ET Cie,

QUAI DES AUGUSTINS N° 35.

SÉEZ.

P. F. STANISLAS ROCHER, LIBRAIRE.

1838.

# A Monseigneur

## MELLON JOLLY,

### Évêque de Séez.

MONSEIGNEUR,

Le zèle dont Votre Grandeur est animée à la vue du troupeau qui vient d'être confié à ses soins, le désir qu'elle a de faire et de seconder tout ce qui peut concourir aux progrès de la religion dans son vaste Diocèse et au-delà, me fait espérer qu'elle fera un bon accueil au petit ouvrage que je m'empresse de déposer à ses pieds; c'est un MANUEL DU CHANTRE, un livre qui ne renferme que les louanges du Seigneur, avec les principes et les règles pour les bien chanter. Le chant, le plus bel ornement des cérémonies saintes, quand il est bien exécuté, ne peut manquer d'intéresser votre zèle reconnu pour tout ce qui tend à relever la pompe et la majesté du culte divin. Daignez donc, Monseigneur, appuyer de vos suffrages ce petit Manuel, dont j'aime à vous offrir la Dédicace comme un monument du profond respect et de la parfaite soumission avec lesquels j'ai l'honneur d'être,

MONSEIGNEUR,

DE VOTRE GRANDEUR,

Le très-humble et très-obéissant serviteur,

GOMANT, *Curé-Desservant*
*de Saint Symphorien-des-Bruyères.*

# RAPPORT

## DE M. TH. DENISET,

### PROFESSEUR DE MUSIQUE,

#### A Mgr L'ÉVÊQUE DE SÉEZ.

MONSEIGNEUR,

Je m'empresse de vous adresser mon rapport sur le MANUEL DU CHANTRE, ouvrage que vous m'avez fait l'honneur de soumettre à mon examen. Je suis heureux, Monseigneur, de pouvoir vous dire qu'à plus d'un titre, l'ouvrage de M. l'abbé Gomaut, me paroît mériter l'approbation de Votre Grandeur.

Il faut bien avouer, sans doute, que parmi tant de bonnes Méthodes qui paroissent tous les jours, il étoit difficile de fixer l'attention des amateurs; et cependant, l'auteur du *Manuel*, a, dans plusieurs endroits de son livre, trouvé des aperçus neufs, des définitions meilleures, et disposé la théorie d'une manière intéressante.

Une partie essentielle manquoit, c'étoient les Faux-Bourdons, je l'ai traitée avec l'agrément de l'auteur, et j'ose espérer que mon travail contribuera au succès d'un ouvrage déjà très-recommandable par lui-même. L'auteur avec lequel j'ai eu le plaisir de communiquer plusieurs fois, a bien voulu accueillir mes observations détaillées sur toutes les parties de son ouvrage, et maintenant le *Manuel* me paroît digne d'être offert au public, revêtu de l'approbation de Votre Grandeur. Ce sera une bonne acquisition pour ce diocèse, qui suivant l'exemple de son digne pasteur, montre une si louable émulation dans tout ce qui peut contribuer à l'éclat du culte divin.

Daignez, Monseigneur, agréer les sentimens du profond respect avec lequel j'ai l'honneur d'être,

MONSEIGNEUR,

DE VOTRE GRANDEUR,

Le très-humble et très-obéissant serviteur,

TH. DENISET,

*Régent au Collége de Séez,*
*et Professeur de Musique.*

A Séez, le 30 Septembre 1837.

# ORIGINE DU PLAIN-CHANT,

## SES VARIATIONS,

### SES AVANTAGES, ET BUT DE CE MANUEL.

« Le plain-chant, dit M. Choron (*), tire son origine de la musique des anciens, c'est-à-dire de celle des Romains, des Grecs et même des Hébreux. A l'époque où les premiers chrétiens voulurent introduire le chant dans les cérémonies de l'Eglise, ils ne firent, à ce que l'on croit, autre chose que de transposer sur les textes sacrés les chants placés sur les hymnes que l'on chantoit en l'honneur des faux dieux, ou d'autres chants composés à l'imitation de ceux-ci. Mais, par suite des révolutions qui s'opérèrent dans le rhythme oratoire, ces chants, qui originairement étoient rhythmés selon le génie des anciens idiomes, perdirent eux-mêmes dans cette transition d'un système à l'autre, leur rhythme primitif. Leurs sons, auparavant diversifiés de valeur, devinrent tous égaux en durée, et donnèrent naissance à un nouveau genre de mélodie appelé plain-chant, *cantus planus*, de l'uniformité de rhythme qui en faisoit le caractère distinctif.

» Ce chant avoit, dès la fin du IV<sup>e</sup> siècle, acquis à

(*) Fondateur du Conservatoire de musique classique et religieuse, mort à Paris en 1834.

peu près la même forme qu'il possède encore aujourd'hui, comme on en peut juger par ce qui reste du recueil formé à cette époque par saint Ambroise archevêque de Milan, et qui s'est, dit-on, conservé jusqu'à ce jour en cette Eglise. Mais ce n'est que deux siècles après, qu'il reçut des mains du pape saint Grégoire-le-Grand une constitution fixe et invariable. Ce saint Pontife ayant fait, parmi toutes les compositions de ce genre alors connues, un choix de celles qui lui parurent les plus belles et les plus convenables, en forma pour le service de l'Eglise un corps régulier et complet qui subsiste encore aujourd'hui sans altération, et qui est le seul en usage à Rome et dans toutes les églises où l'on suit les rites de cette Eglise. Ce corps de chant est celui que, d'après ce qui vient d'être dit, on désigne spécialement sous la dénomination de chant romain ou de chant grégorien.

»Vers la même époque, c'est-à-dire dès les premiers temps de la propagation de la foi dans les Gaules, il s'étoit formé en cette contrée, dans le même esprit et d'après les mêmes procédés, un chant du même genre, mais d'une tournure et d'un goût à ce qu'il paroît fort différens. Ce chant qui se ressentoit de son origine à demi barbare, avoit été amélioré, sous les chefs de la première dynastie de nos rois, par l'influence et les soins de chantres venus de Rome. Retombé par la suite dans son ancienne barbarie, il fut entièrement proscrit par les chefs de la seconde race, par Pépin et surtout par Charlemagne, qui, voulant s'assurer la bienveillance et l'appui du souverain pontife ordonna, sous des peines sévères l'emploi exclusif du chant et des usages romains dans toute l'étendue de son empire, et employa des soins extraordinaires à la destruction de tous les usages qui difféoient de ceux de l'Eglise de Rome.

» Le chant romain, ainsi propagé dans tout l'empire d'Occident vers la fin du VIII<sup>e</sup> siècle, subsista pendant près de dix siècles en France sans y éprouver d'altération sensible; Mais le XVIII<sup>e</sup>, fertile comme on sait, en révolutions de tout genre, vit éclater, en celui-ci, une révolution dont voici la cause. Vers le commencement de ce siècle, un assez grand nombre de chapitres et de prélats français, convaincus de la réalité des imperfections reprochées à la liturgie romaine, jugèrent à propos d'en composer de nouvelles pour l'usage de leurs églises. Ce projet réalisé en un assez grand nombre de diocèses; on composa de nouveaux Missels, de nouveaux Bréviaires; » et cette nouvelle composition exigea celle de nouveaux chants, qui se rapprochent plus ou moins du chant romain que chaque compositeur prit pour type. C'est de cette époque que date le plain-chant parisien, composé par l'abbé Le Beuf, chanoine d'Auxerre.

Quant aux qualités et aux avantages du plain-chant, voici le jugement qu'en porte M. Choron : « Malgré les critiques plus ou moins fondées dont le plain-chant peut être l'objet, on est forcé de reconnoître, dit-il, que ce genre de chant réunit plus que tout autre, les qualités qui le rendent propre à sa destination. Sa gravité le met en rapport avec les cérémonies du culte divin, dont il forme lui-même un des accessoires les plus importans. Sa simplicité en rend l'accès on ne peut plus facile aux personnes appelées à en faire usage, et parmi lesquelles il pourroit s'en trouver un grand nombre, qui n'auroient point le temps ou ne posséderoient point les dons nécessaires pour se livrer avec succès à des études qu'exigeroit un chant d'un genre plus relevé. Enfin, quoique les élémens peu nombreux et peu diversifiés dont il se compose, forment un obstacle à ses développemens, on reconnoît que lorsqu'ils sont mis en œuvre par une main habile, ils deviennent susceptibles d'offrir encore suffisamment d'intérêt, d'expression et de beautés. »

Un plain-chant bien composé offre donc des qualités réelles, des beautés mêmes reconnues; oui, pourvu toutefois qu'il soit exécuté par des chantres qui en connoissent les principes et sachent en appliquer les règles ; car, il faut avouer que le contraire a précisément lieu, lorsqu'il est défiguré dans l'exécution, par des chantres inhabiles et sans goût tels qu'on en rencontre surtout dans plusieurs églises de campagne. Il y a peu de personnes aujourd'hui qui possèdent bien la science du plain-chant, et quantité d'églises se voient menacées d'une pénurie de chantres. Si l'on en recherchoit la cause première, peut-être la trouveroit-t-on dans cette dédaigneuse indifférence qui caractérise notre époque, par rapport à tout ce qui concerne les choses saintes; mais on ne peut disconvenir que le défaut de bonnes méthodes n'y soit aussi pour quelque chose. Les unes, trop abrégées, ne présentent pour ainsi dire que la superficie du chant; d'autres plus étendues, telles que celle de La Feillée pour le chant romain et celle de Le Beuf pour le chant parisien, sont rebutantes par défaut d'ordre et de précision, quoique très-bonnes sous le rapport des principes qu'elles enseignent.

C'est pour obvier à cet inconvénient, et faire revivre le goût d'une science que de saints Prélats ne dédaignè-

rent pas d'enseigner eux-mêmes (1), que nous avons
entrepris la composition d'une Méthode vraiment *mé-
thodique*, où les principes du plain-chant fussent sim-
plifiés, coordonnés et présentés de manière que la connoissance de l'un facilite l'étude de l'autre. Nous l'a-
vons divisée en trois parties : la première traite des principes du plain - chant en général ; la seconde, de ses
différentes espèces, et la troisième, de ses règles. Puis,
suivent des élémens comparés de musique et de plain-
chant musical, en faveur de ceux qui désireront se livrer à la pieuse étude des motets et des cantiques ,
comme aussi pour montrer l'analogie du plain-chant
avec la musique, et encourager les jeunes chantres à
l'étude de celle-ci , dont le plain-chant musical n'est
qu'une imitation fort imparfaite.

Afin d'ajouter à l'intérêt de cette Méthode, et d'en
faire comme une sorte de *Manuel* dont on puisse se
servir à l'église dans tous les dimanches et fêtes , nous
y avons joint un ample recueil de pièces diverses où se
trouvent : 1° les *Kyrie , Gloria , Credo , Sanctus* et
*Agnus* des différens temps de l'année; 2° les antiennes
à la sainte Vierge qu'on chante le plus fréquemment, 3° les Vêpres et les Complies du Dimanche;
4° Un choix de motets anciens et nouveaux presque
tous *solo*, et d'une exécution facile , en faveur des
chœurs d'église qui ne présenteroient pas, comme il
peut arriver dans plusieures paroisses de campagne, des

_______

(1) Saint Grégoire-le-Grand , établit à Rome une école de
chantres, où trois cents ans après on voyoit encore l'original de
son Antiphonaire, avec le lit où il se reposoit en chantant. et le
fouet dont il menaçoit les enfans. *Fleury. Hist. Eccl.*

voix propres et suffisantes pour exécuter des morceaux d'un genre plus compliqué. Puisse cet ouvrage entrepris à la louange du Très-Haut et de sa très-sainte Mère, contribuer à l'éclat et à la majesté du culte divin, et mériter à son auteur la grâce de chanter éternellement les miséricordes du Seigneur! *Misericordias Domini in æternum cantabo.*

# NOUVELLE MÉTHODE

## DE

# PLAIN-CHANT.

## PREMIÈRE PARTIE.

### DES PRINCIPES DU PLAIN-CHANT EN GÉNÉRAL.

Le Plain-Chant est une suite de tons et de demi-tons graves que la voix forme, tant en la haussant qu'en la baissant d'après certaines règles.

## CHAPITRE PREMIER.

### DE LA CONNOISSANCE DES NOTES.

1° Comme les sons de la parole se figurent par des lettres, ainsi les sons du chant se figurent par des notes, qu'on place sur et entre quatre lignes appelécs *bande, portée, échelle.*

Il arrive quelquefois dans une pièce de chant, que

1

l'étendue des notes qui la composent dépasse la portée; alors on y ajoute de petites lignes horizontales.

### EXEMPLE:

2° Il y a dans le chant sept sons primitifs, représentés par sept notes, qu'on répète au besoin, et que l'on peut regarder comme l'alphabet du chant, savoir : *ut* ou *do, re, mi, fa, sol, la, si,* en montant ; et *si, la, sol, fa, mi, re, ut* ou *do,* en descendant.

### EXEMPLE:

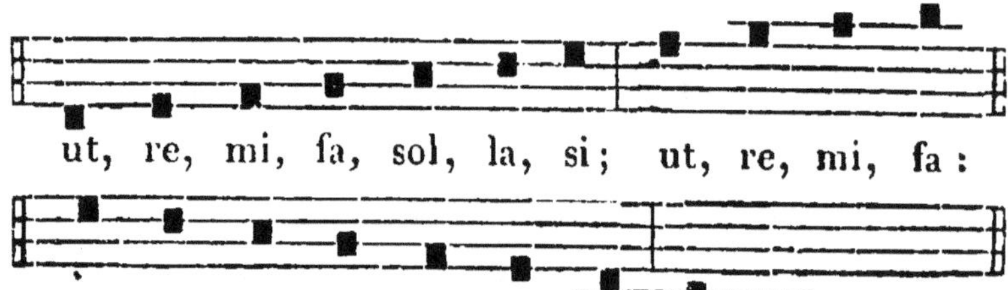


*Remarque.* Les anciens désignoient les sept sons primitifs par les sept premières lettres de l'alphabet, **A, B, C, D, E, F, G,** et leur Gamme (1) correspond à celle des modernes de la manière suivante :

**A,    B,    C,    D,    E,    F,    G.**
la,    si,    ut,    re,    mi,    fa ,    sol.

---

(1) On appelle *Gamme* l'ordre des sept notes, quand elles se suivent immédiatement, soit en montant, soit en descendant, comme dans l'exemple précédent. Le mot *Gamme* vient de la lettre G, en grec *Gamma,* qui désignoit la note la plus élevée de l'ancienne Gamme.

C'est à Gui d'Arrezzo, moine italien, qui vivoit dans le xiᵉ siè-

On ne se sert plus aujourd'hui de ces lettres alphabétiques, si ce n'est pour marquer la finale des tons, comme on le verra au chapitre des modes.

3° Au lieu d'inscrire sous chaque note leur nom, on emploie pour les désigner une figure qu'on appelle *clef*.

Il y a deux sortes de *clefs* : la *clef* d'*ut*, qui se pose sur la quatrième, la troisième et la deuxième lignes, à compter de bas en haut et la *clef* de *fa* qui se pose dans le chant parisien sur la troisième ligne, et dans le chant romain sur la troisième et la quatrième lignes

De la position de ces *clefs*, dépend le nom de chaque note. Toutes les notes placées sur la même ligne que ces *clefs* sont des *ut*, des *fa*, d'où il est facile de trouver le nom des autres notes, qui se décomptent toujours dans cet ordre consécutif *ut*, *re*, *mi*, *fa*, *sol*, *la*, *si*, *ut*, en montant ; et *ut*, *si*, *la*, *sol*, *fa*, *mi*, *re*, *ut*, en descendant.

## EXEMPLE

*Pour la clef d'ut sur la quatrième ligne.*

cle, qu'on attribue l'invention des noms *ut*, *re*, *mi*, *fa*, *sol*, *la*, qu'il forma en prenant la première syllabe des six premiers vers de l'Hymne de saint Jean-Baptiste, selon l'usage romain.

| | | |
|---|---|---|
| **Ut** *queant laxis* | **Mi**ra *gestorum* | **S**olve *polluti* |
| **Re**sonare *fibris* | **Fa**muli *tuorum* | **La**bii *reatum* |
| | | **S**ancte *Joannes.* |

Quant au septième degré, il fut appelé *si* long-temps après, par un musicien nommé Le Maire.

## EXEMPLE

*Pour la clef d'ut sur la troisième et la deuxième lignes.*

## EXEMPLE

*Pour la clef de* fa.

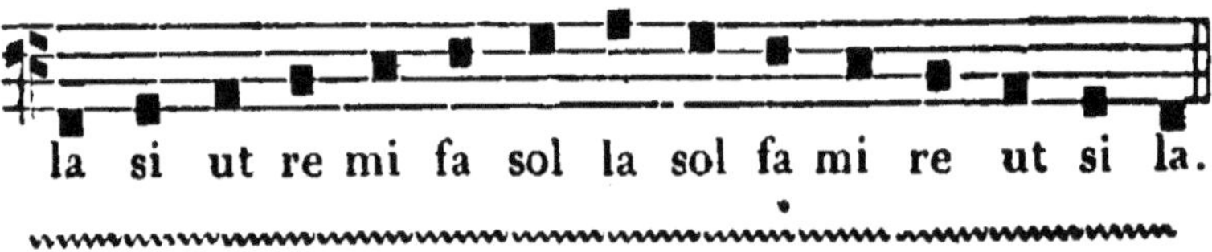


# CHAPITRE DEUXIÈME.

### DE L'INTONATION DES NOTES.

Une fois qu'on est parvenu à lire avec facilité les notes sur les deux clefs et leurs différentes positions, on commence à les *solfier*, c'est-à-dire, à les chanter en les appelant par leur nom  Il faut faire bien attention à régler sa voix sur celle de son maître, et ne s'exercer que successivement sur chaque clef.

## ARTICLE PREMIER.

*Exercice de la clef d'ut sur la quatrième ligne.*

### GAMME.

Lorsqu'on a la voix réglée, et qu'on forme bien les tons et demi-tons de la gamme précédente, on doit s'appliquer à les connoître et à les distinguer.

§ I<sup>er</sup>. — *De la connoissance des tons et demi-tons, et de leur position naturelle.*

Il faut observer que la voix, soit en montant, soit en descendant la gamme, ne met pas la même distance entre chaque note. La distance entre *mi* et *fa, si* et *ut*, est plus petite de quasi moitié (1) que celle entre les autres notes. C'est cette distance d'une note à une autre note qui suit immédiatement, qu'on appelle *ton* ou *demi-ton*, selon que cette distance est plus ou moins grande.

Il y a dans l'étendue de la gamme, lorsqu'on y joint l'octave *ut*, qui est la répétition du premier degré, *cinq tons* et *deux demi-tons*, dont voici l'ordre naturel : *les cinq tons* se comptent d'*ut* à *re*, de *re* à *mi*, de *fa* à *sol*, de *sol* à *la*, de *la* à *si ;* les *deux demi-tons* se trouvent du *mi* au *fa*, et du *si* à l'*ut*.

§ 2. — *De la position accidentelle des tons et demi-tons.*

L'ordre des *tons* et *demi-tons*, tel que nous venons de l'indiquer, peut varier et varie souvent par la rencontre de deux signes, qui sont : le *bémol* ♭ et le *dièse* ♯, dont

_______

(1) Le ton étant composé de neuf parties ou commes, ainsi qu'on les distingue au moyen d'un instrument appelé *monocorde*, se partage en deux demi-tons *inégaux*, dont l'un comprend cinq commes, et l'autre quatre. Le premier se nomme majeur et le second mineur. Les demi-tons de l'échelle naturelle sont toujours mineurs, quoique plusieurs auteurs aient enseigné le contraire. Voyez, *Manuel de musique vocale et instrumentale*, par M. Choron.

l'effet dans le chant est d'adoucir la note devant laquelle ils se trouvent et d'empêcher quelquefois le *triton*.

On appelle *triton*, l'union de *trois tons* consécutifs, comme *fa, sol, la, si*, en montant, et *si, la, sol, fa*, en descendant. Cette union ne doit jamais se rencontrer dans le chant, parce qu'elle a quelque chose de dur et de désagréable à l'oreille.

## 1° DU BÉMOL.

Le *bémol* ne se place dans le plain-chant que devant le *si* et le *mi*, qu'on prononce alors *za et ma* (1). Il indique d'adoucir le son de ces deux notes, en le baissant d'un *demi-ton*. Dans ce cas, il n'y a plus qu'un *demi-ton* entre *la* et *si, re* et *mi*, tandis qu'il se trouve un ton plein entre *si* et *ut, mi* et *fa*.

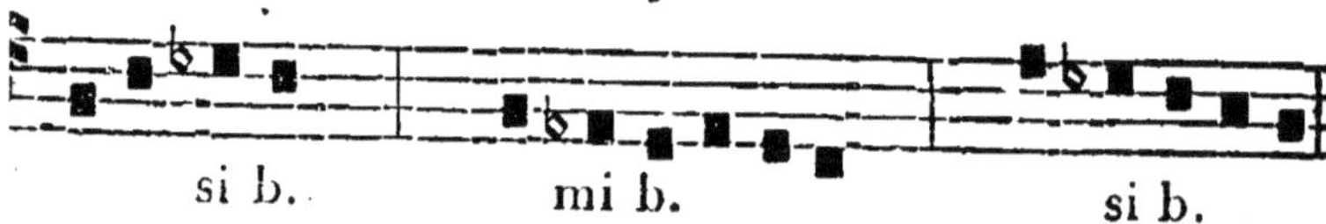


On distingue deux sortes de *bémols* : le *continuel* et l'*accidentel*.

Le *bémol continuel* se place immédiatement après la clef, et il influe sur toutes les notes qui se rencontrent sur la même ligne que lui.

Le *bémol accidentel* est celui qui se rencontre çà et là dans le cours de la pièce : il n'influe que sur la note devant laquelle il se trouve.

_________________

(1) Pour la plus grande facilité des commençans, car les personnes habiles savent solfier sans jamais changer le *si* ou le *mi bémol* en *za* ou *ma*, et font les tons et demi-tons aussi justes que si elles en changeoient le nom ; car le nom de la note n'y fait rien.

## 2° DU DIÈSE.

Le *dièse*, peu usité dans le plain chant, indique d'adoucir la note devant laquelle il est placé, en la haussant d'un *demi-ton*. L'*ut* et le *fa* sont les notes les plus sujettes à être *diésées*.

EXEMPLE :

*Remarque.* On rencontre assez fréquemment dans les livres de chant des pièces mal notées, où le *bémol* et le *dièse* ne sont pas toujours marqués là où il en seroit besoin. C'est aux personnes habiles à les suppléer, selon que l'oreille le demande.

L'usage du *bémol* et du *dièse* nécessite dans le chant l'emploi d'un autre signe, appelé *bécarre* ♮.

## DU BÉCARRE (1).

L'effet du *bécarre* est de faire cesser l'action du *bémol* et du *dièse*, et de remettre les notes dans leur ton naturel.

EXEMPLE :

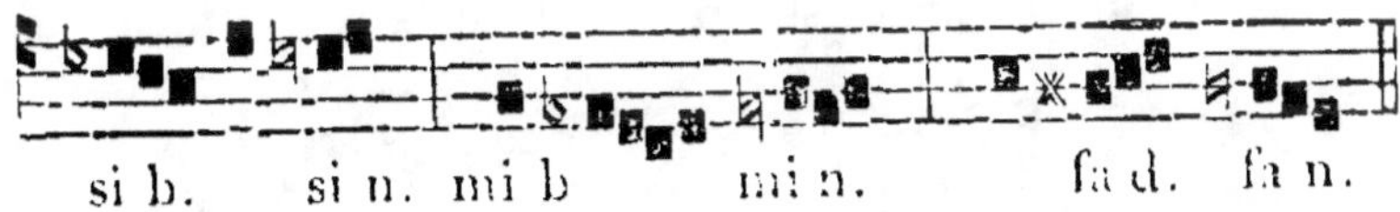


(1) On désignoit autrefois la note *si* par la lettre **B**. C'est de là que viennent les termes de *bémol* et de *bécarre*, selon que la voix s'adoucit ou chante rudement sur la note *si*, à raison du demi-ton ou du ton plein.

## AUTRE EXEMPLE :

Au moyen d'une gamme figurative, représentant à l'œil, 1° l'ordre naturel des tons : 2° leurs déplacemens occasionnés par le *bémol* et le *dièse* : 3° leur retour à l'ordre naturel indiqué par le *bécarre*.

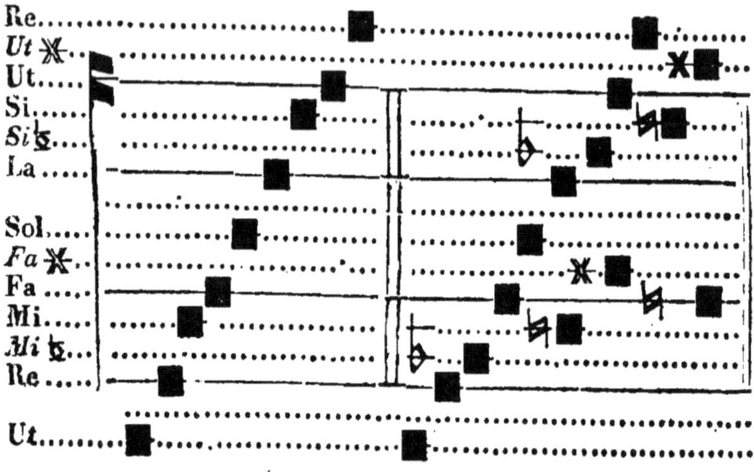


*Gamme avec si bémol.*

Pour chanter cette gamme avec justesse, il ne faut plus former le second demi-ton entre *si* et *ut,* mais entre *la* et *si,* à cause du bémol.

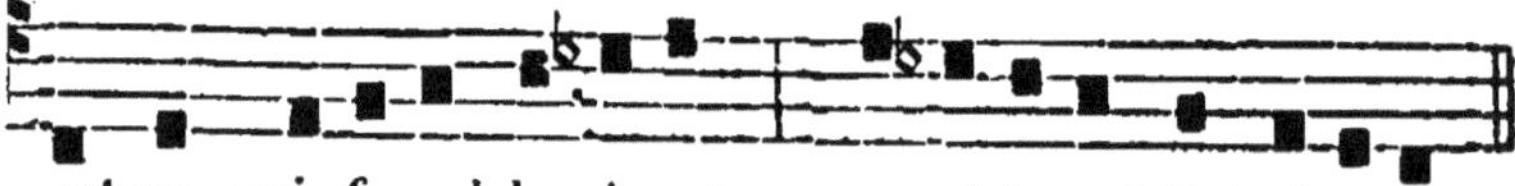

ut re mi fa sol la si ut   :   ut si la sol fa mi re ut.

## § 3. — *Des degrés conjoints.*

On appelle degrés conjoints l'ordre de deux ou plusieurs notes qui se suivent immédiatement, comme dans les gammes précédentes. Les degrés conjoints renferment un intervalle appelé *seconde.* C'est l'intervalle d'une note à l'autre, comme d'*ut* à *re,* de *re* à *mi.*

*Intonation de degrès conjoints, en doublant les notes par secondes.*

## § 4. — *Des degrés séparés ou disjoints.*

On entend par *degrés séparés*, les intervalles qui se trouvent entre plusieurs notes qui ne se suivent pas im—médiatement.

Il y a dans le plain-chant six *degrés séparés* : savoir, la *tierce*, la *quarte*, la *quinte*, la *sixte*, la *septième* et l'*octave*.

La *tierce* est l'intervalle causé entre deux notes par une absente ; la *quarte*, par deux absentes ; la *quinte*, par trois absentes, etc., etc.

Ces différens intervalles se divisent en *majeurs* et en *mineurs*.

La *tierce majeure* comprend deux tons pleins, comme *ut-mi, fa-la, sol-si*.

La *tierce mineure* comprend un ton plein et un demi-ton, comme *re-fa, mi-sol*, etc. (1)

La *quarte majeure* comprend trois tons pleins. Elle est inusitée dans le plain-chant, à cause du *triton*.

La *quarte mineure* comprend deux tons et un demi-ton, comme *mi-la, ut-fa*, etc.

La *quinte majeure* renferme une *tierce majeure* et une *tierce mineure*, comme *fa-ut*.

La *quinte mineure* ne renferme que deux *tierc*...

____

(1) La *tierce mineure* est *directe* ou *inverse* ; directe qu...
le demi-ton est placé au-dessus du second degré ; *inverse* q...
il est placé au-dessous.

*mineures*, comme *mi-si bémolisé*. Elle est désagréable.

La *sixte* ou *sixième* ne se trouve que rarement dans le plain-chant.

La *septième* forme une chute désagréable et inusitée : on la trouve cependant dans cette strophe, *Lava quod est sordidum*, de la prose *Veni sancte Spiritus*.

Enfin l'octave *ut-ut* est toujours de cinq tons et deux demi-tons.

## EXEMPLES

ET INTONATIONS DE DEGRÉS SÉPARÉS OU INTERVALLES.

### 1° DE TIERCES MAJEURES ET MINEURES.

(1)

### 2° DE QUARTES.

(1) Cette moitié de note qui s'appelle *Guidon*, et qu'on trouve à la fin de chaque portée dans les pièces de chant, indique la place que doit occuper la première note de la portée suivante. On l'emploie aussi pour marquer la note qui suit immédiatement le changement de clef dans une même pièce, comme on en voit des exemples dans le chant romain.

## 3º DE QUINTES.

## 4º DE SIXTES.

## 5º D'OCTAVES.

Lorsqu'on est parvenu à chanter avec facilité les intervalles précédens, il faut passer aux pièces d'exercice
qui se trouvent à la fin de cette méthode, et continuer

de solfier la même clef, jusqu'à ce qu'on la possède bien ; s'habituant peu à peu à ne respirer que là où il convient, et à donner à chaque note la valeur qui lui est due.

### 1º *De la respiration dans le chant.*

Il faut en chantant gouverner son haleine, pour ne respirer autant que possible, qu'aux barres de diverses grandeurs qui traversent çà et là la *portée.*

Ces barres ont différentes significations : les petites, qui ne coupent que la moitié de la *portée,* marquent la séparation des mots ; les grandes, qui coupent toute la *portée*, marquent la fin des phrases et de chaque vers d'une hymne ou d'une prose ; les doubles désignent la fin, soit de l'intonation, soit de la pièce ou du verset, et généralement les passages d'une pièce qui se chantent à deux chœurs.

### 2º *Des différentes espèces de notes et de leur valeur.*

Il y a quatre espèces de notes, qui sont la carrée double , la carrée simple ou commune , la brève , et la demi-brève ou rhomboïde , qui est rare dans le plain-chant.

La carrée double vaut deux carrées simples ; la carrée simple vaut deux brèves ; et la brève vaut deux demi-brèves.

La carrée simple terminée par une petite ligne qu'on appelle *queue,* se trouve augmentée de la moitié de sa

valeur, quand elle est immédiatement suivie d'une brève :
autrement , cette *queue* qui s'ajoute aussi quelquefois
à la carrée double , ne change point la valeur des notes
auxquelles elle est attachée. Elle indique seulement de
les lier avec la note qui les suit par intervalles.

EXEMPLE :

*Nota.* Le petit point que l'on trouve quelquefois
placé ainsi , à còté d'une note, à la fin de chaque
vers d'une hymne ou d'une prose , dans le courant des
neumes , etc., indique une prolongation de voix et un
petit repos.

## ARTICLE DEUXIÈME.

*Exercice de la clef d'ut descendue sur la
troisième ligne.*

OCTAVE.

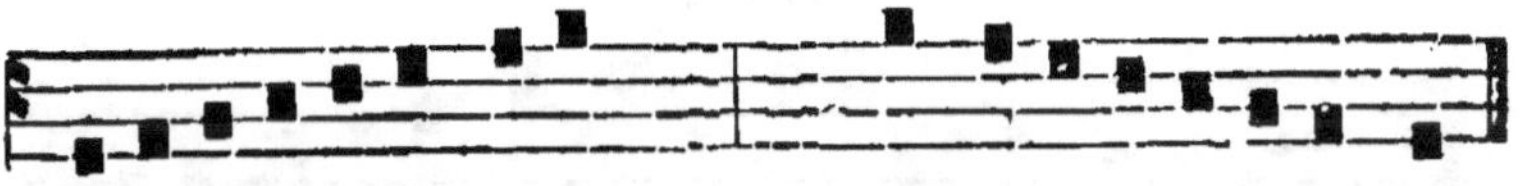



*Même clef avec si bémol.*

*Intervalles de toutes façons.*

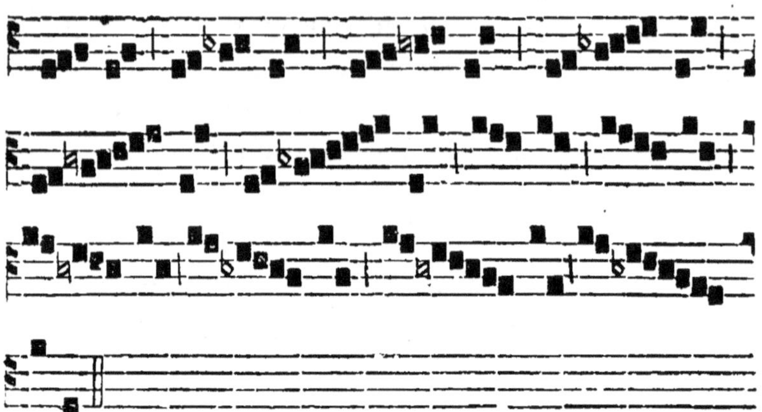

*Remarque.* La clef d'*ut* sur la troisième ligne avec *si* bémol continuel peut s'appeler clef de *sol*, vu qu'en disant *sol* sur la ligne de la clef, au lieu d'*ut*, l'ordre des tons et demi-tons se trouve le même que dans la gamme ; seulement chaque note est plus élevée d'un degré sur la portée.

## ARTICLE TROISIÈME.

*Exercice de la clef d'ut descendue sur la deuxième ligne.*

### OCTAVE.

*Remarque.* En chantant la clef ci-dessus, on peut, pour plus de facilité, s'imaginer chanter la clef d'*ut* sur la quatrième ligne avec *si* bémol continuel ; l'ordre des tons et demi-tons est absolument le même.

EXEMPLE :

Autrefois la clef d'*ut* se posoit encore sur la première ligne, mais elle n'est plus d'usage aujourd'hui, parce qu'elle rentre sans aucune modification de tons et demi-tons, dans la clef d'*ut* sur la troisième ligne avec bémol continuel.

## ARTICLE QUATRIÈME.

*Exercice de la clef de* fa *sur la troisième ligne.*

### OCTAVE.

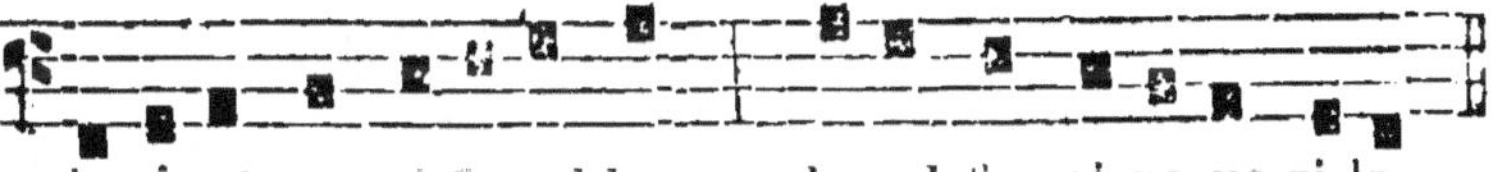


*Tierces avec si naturel.*

*Tierces avec si bémol.*

*Nota.* Le petit signe qui différencie la clef de *fa*, de la clef d'*ut*, marque que le bécarre est invariable devant le *mi*.

## ARTICLE CINQUIÈME.

*Exercice de la cle de* fa *sur la quatrième ligne.*

## OBSERVATION.

On peut, avec ou sans bémol, faire rentrer la plupart des clefs les unes dans les autres. Par exemple, la clef d'*ut* sur la seconde ligne rentre dans la clef d'*ut* sur la quatrième avec *si* bémol, ainsi qu'on l'a remarqué précédemment. La clef de *fa* sur la troisième ligne rentre dans la clef d'*ut* sur la même ligne avec *si* naturel, etc.

Peu importe que l'on change le nom des notes ; pourvu que l'ordre des tons et demi-tons ne soit pas changé, le chant reste toujours le même.

# CHAPITRE TROISIÈME.

### DE L'APPLICATION DE LA LETTRE AUX NOTES.

Il est essentiel pour faire des progrès sûrs et rapides dans cette partie, de ne pas l'aborder trop tôt. On ne doit jamais commencer à chanter la *lettre,* avant de savoir bien chanter la *note.* Autrement on s'expose, ou à se rendre la voix fausse, ou à contracter une routine qui rend inhabile à devenir jamais parfait dans le chant.

Voici comment on doit débuter dans cet exercice. Il faut :

1º Suivre le même ordre que pour l'intonation des notes, c'est-à-dire commencer par la clef d'*ut* sur la quatrième ligne, et ne passer que successivement aux autres.

2º Choisir les pièces de chant les plus faciles, où il n'y ait qu'une ou deux notes sur chaque syllabe : et dans le commencement chanter les notes trois ou quatre à la fois, avant d'appliquer les paroles, comme dans l'exemple suivant :

3° Quand on chante des pièces où il y a plusieurs notes sur chaque syllabe, bien remarquer les notes qui sont liées sur la même syllabe, et celles qui ne le sont pas, afin de donner à chaque syllabe le nombre de notes qui lui convient.

4° Lorsqu'on s'aperçoit qu'on s'est trompé, reprendre le chant de la *note* et ensuite réappliquer la *lettre*.

5° Avant d'entonner une pièce de chant, faire bien attention à la position de la clef, ainsi qu'à la position des *tons* et *demi-tons*. C'est par ignorance de la place qu'occupent les *tons* et *demi-tons* dans la portée, que bien des personnes chantent faux une pièce d'un bout à l'autre, surtout si elle n'a pas été bien entonnée. Le siége d'un ton ou d'un demi-ton se trouvant une fois déplacé, le déplacement se communique dans toute l'étendue de la pièce, et produit une dissonnance très-sensible aux oreilles des personnes tant soit peu exercées et attentives.

6° *Eviter les défauts qui rendent le chant dés-agréable, et pour cela observer les avis suivans :*

— 1° Prononcer correctement et naturellement les voyelles *a, e, i, o, u :* ne point y ajouter des voyelles étrangères, comme ceux qui, au lieu de chanter un *a* seul, y joignent un *e*, ou un *o*, ou un *u*, et prononcent *ea ea, oa oa, üa üa*, ce qui rend le chant insipide.

— 2° Ne point donner le son de l'*è* ouvert à l'*é* fermé, et réciproquement. On chante en *è* ouvert celui qui est suivi d'une consonne dans une même syllabe, comme dans les mots *patèr, excèlsus, ècce, dicènt, amèn*, etc... en *é* fermé, celui qui termine une syllabe ou un mot, comme dans les mots, *révélatus, Déus, respicé, ité*, etc. Il faut donc en chantant le *Kyrie*, prononcer *é é é*, et non pas *è è è*, comme plusieurs ont l'habitude de le faire.

— 3° Dans les syllabes finales *am, em, um* qui équivaut à *om*, faire entendre le son pur de l'*o*, de l'*a*, de l'*e*, et ne faire sentir l'*m* qu'au moyen des lèvres.

— 4° Eviter de prononcer comme *z* l's finale, devant un mot qui commence par une voyelle ; ainsi il ne faut point chanter comme quelques-uns, *Diez iræ, diez illa*, etc...

— 5° Dans les *hiatus*, c'est-à-dire dans les mots terminés par une voyelle qui commence le mot suivant, comme *ille erat, corda ardent*, etc. se garder de confondre les deux mots ensemble par une liaison, mais avoir soin de les séparer par un court repos après la dernière note du premier mot.

— 6° Quand une syllabe est chargée de plusieurs notes, et que cette syllabe finit par une consonne sensible, comme dans *alma, sanctus*, etc. il ne faut faire sentir la consonne que sur la dernière note de la syllabe. Ainsi on ne dira point *al, al, al, al, al*, sur chaque note de la première syllabe du mot *alma*, mais il faudra chanter *a, a, a, a, a, alma*, et ne faire sentir l'*l* qu'à la dernière note; de même pour *sanctus*, on chantera *sa, sa, sa, sanc - tus*, ne faisant aussi sentir l'*n* et le *c* qu'à la dernière note.

— 7° Distinguer les notes liées sur une même syllabe, en pesant doucement sur chacune , sans aspirer, sans faire *ha, ha, ha, he, he, he, hi, hi, hi*, comme font quelques-uns lorsqu'ils ont plusieurs notes à chanter sur un *a*, un *e*, un *i*, etc.

— 8° Se garder de chanter du nez ou de la gorge; éviter de contrefaire sa voix naturelle ou de la forcer, suivant le mauvais exemple de ceux qui , en certains endroits où leur voix leur semble plus belle et plus sonore, la poussent davantage pour se faire entendre.

—9° Éviter les contorsions de la bouche ou des yeux, les mouvemens ridicules de la tête et de tout le corps.

— 10° Faire attention , autant qu'on le peut, à ne se reposer jamais au milieu d'un mot. Rien n'est plus contraire à la gravité du chant.

— 11° Quand on chante plusieurs ensemble, avoir soin de s'écouter les uns les autres, afin que tous chantent en même temps la même note et la même syllabe.

— 12° Enfin quand on chante à deux chœurs, ou alternativement avec d'autres , ne point reprendre que ceux-ci n'aient entièrement fini.

Telles sont les principales règles qui regardent l'application de la lettre aux notes et la bonne prononciation. Nous ne doutons pas qu'en les observant exactement dès le commencement, on ne fasse de rapides progrès dans cette partie, la plus longue et la plus difficile dans la pratique, quoique la plus aisée daus la théorie.

~~~~~~~~~~~~~~~~~~~~~~~~~~~~~~~~~~~~~

# CHAPITRE QUATRIÈME.

### DE LA CONNOISSANCE DES MODES, VULGAIREMENT APPELÉS TONS.

Il est à remarquer que toutes les pièces de chant ne présentent pas la même combinaison de notes, et n'expriment pas les mêmes passions de l'ame : de là une diversité de chants ou *modes*.

### 1° NOMBRE DES MODES.

Il y a huit *modes* dans le plain-chant, qui ont tous leur caractère particulier, ainsi que l'indiquent les épithètes qu'on leur a données :

| | |
|---|---|
| *Primus gravis,* | *Quintus lætus,* |
| *Secundus tristis,* | *Sextus devotus,* |
| *Tertius mysticus,* | *Septimus angelicus,* |
| *Quartus harmonicus,* | *Octavus perfectus.* |

### 2° DIVISION DES MODES.

Les huit *modes* se divisent :

1° *En modes impairs et modes pairs* (1).

Les *modes impairs* sont le 1ᵉʳ, le 3ᵉ, le 5ᵉ et le 7ᵉ.

______

(1) Les modes impairs se nomment aussi modes authentes, et les pairs, modes plagaux.
~~~~~~~~~~~~~~~~~~~~~~~~~~~~~~~~~~~~~

Les *modes pairs* sont le 2<sup>e</sup>, le 4<sup>e</sup>, le 6<sup>e</sup> et le 8<sup>e</sup>.

Il y a cette différence entre les *modes impairs et pairs*, qu'ils n'ont pas la même étendue au-dessus de leur *finale* (*Voyez*, On appelle *finale, page* 22), selon ce vers latin :

*Impar stat suprà, sed par depressus habetur.*

L'étendue du *mode impair* est de huit notes au-dessus de sa *finale*, et d'une au-dessous, selon ces deux vers:

*Tertius et primus, cum quinto septimus, octo*
*Vocibus ascendunt et solâ descendere possunt.*

L'étendue du *mode pair* est de cinq notes tant au-dessus qu'au-dessous de sa *finale*, selon ces deux autres vers:

*Sextus et octavus, quartus pariterque secundus*
*Vocibus ascendunt quinque et descendere possunt.*

*2° En modes simples et en modes mixtes.*

Les *modes simples* sont ceux qui suivent les règles précédentes, *Tertius*, etc. *Sextus*, etc.

On appelle *modes mixtes* ceux qui tiennent de l'*impair* et du *pair*, c'est-à-dire qui s'étendent comme l'*impair* au-dessus de leur *finale*, et descendent comme le *pair* au-dessous. Les *tons mixtes* sont regardés comme *impairs*. Cependant on met au rang du huitième mode, le septième et le huitième mélangés dans les Offertoires de l'Annonciation et de l'Assomption (*Graduel de Paris*), parce que la modulation de ces chants roule le plus souvent au-dessous de leur *finale*, ce qui ne convient point au septième mode.

3° *En modes majeurs et en modes mineurs.*

On appelle *mode majeur*, celui qui se termine par une tierce majeure, *la, sol, fa; si, la, sol.*

Le *mode mineur* est celui qui se termine par une tierce-mineure, soit *directe*, comme *fa, mi, re;* soit *inverse*, comme *sol, fa, mi.*

Les quatre premiers modes sont *mineurs*, et les quatre derniers *majeurs* (1).

### 3° DISTINCTION DES MODES.

Chaque mode ou ton se connoît par sa *finale.*

On appelle *finale* la note par où finit une pièce. La *finale* des huit tons est une des quatre notes **RE, MI, FA, SOL.**

Le premier et le deuxième tons ont pour *finale, re;* le troisième et le quatrième, *mi;* le cinquième et le sixième, *fa;* le septième et le huitième, *sol.*

Si donc vous voulez savoir de quel ton est une pièce de chant, jetez les yeux sur sa *finale.* Si la *finale* est un *re*, la pièce appartient au premier ou au second mode; parce qu'il n'y a que ces deux modes qui finissent par *re*. Maintenant, pour distinguer auquel de ces deux modes appartient la pièce dont il s'agit, examinez son étendue; si elle rentre dans l'étendue d'un mode *impair* ou *mixte*, elle est du premier ton; si elle rentre dans l'étendue d'un mode *pair*, elle appartient au second.

On peut suivre la même marche pour trouver le *mode* des autres pièces.

***

(1) Les modes majeurs sont les *oxypycni* des anciens; ils appeloient *mesopycni* les modes mineurs avec *tierce directe*, et *barypycni* les modes mineurs avec *tierce inverse.*

Le ton d'une pièce de chant se connoît encore par sa *dominante* une fois trouvée.

On appelle *dominante* la note sur laquelle roule davantage la modulation du chant, et non celle qui est la plus haute. Dans un introït, un graduel, un répons, la *dominante* est facile à trouver, c'est la note sur laquelle roule le chant du psaume, du verset. Pour trouver le ton d'une pièce dont on a trouvé la *dominante*, il est nécessaire de bien savoir quelle est la *dominante* de chaque ton.

Les huit tons ont aussi quatre notes pour *dominantes*, qui sont LA, FA, RE, UT.

*La* est *dominante* du premier, du quatrième et du sixième; *fa*, du second; *re*, du septième; *ut*, du troisième et du huitième.

Si la pièce dont vous cherchez le ton a pour *dominante la*, elle est du 1er, du 4e ou du 6e ton : ces trois modes seulement ayant pour *dominante, la.* Pour trouver ensuite auquel de ces trois tons appartient votre pièce, examinez auquel des trois sa *finale* convient.

Telle est la manière scientifique de connoître le *mode* d'une pièce de chant, sans le secours du chiffre placé au commencement pour l'indiquer.

## OBSERVATION.

Les huit tons, tels que nous venons de les décrire, s'appellent *réguliers,* quand ils ont pour *finales* l'une des quatre notes *re, mi, fa, sol,* dont il est parlé plus haut; *irréguliers,* quand ils ont des finales différentes (1).

(1) Les anciens distinguoient douze modes; les modernes les ont réduits à huit, en rapportant le 9e au 1er, le 10e au 2e, le 11e

**TABLEAU** *des finales et dominantes des tons réguliers.*

**TABLEAU** *des finales et dominantes des tons irréguliers
les plus ordinaires.*

*Remarque.* Les *modes irréguliers* n'offrent pas aujourd'hui beaucoup plus de difficultés dans la pratique que les *modes réguliers*, parce qu'on les trouve presque toujours transposés dans les livres de chant sur les mêmes clefs que ces derniers.

au 5e, et le 12e au 6e, et cela par raison d'analogie, quant à la composition de l'octave, entre les modes rapportés, et ceux auxquels on les rapporte. Les quatre modes rapportés forment le 1er, le 2e, le 5e et le 6e tons irréguliers.

La clef du premier ton irrégulier se transpose presque toujours en clef d'*ut* sur la quatrième ligne avec si bémol; c'est le 1<sup>er</sup> ton en A (1). La clef du second ton irrégulier ne se transpose presque jamais; c'est le 2<sup>e</sup> ton en A. Quelque fois la clef du quatrième ton irrégulier se transpose en clef d'*ut* sur la quatrième ligne avec si bémol; c'est le 4<sup>e</sup> ton en *B*. La clef du cinquième ton irrégulier, qui est très-commun, se transpose en clef d'*ut* sur la troisième ligne avec si bémol; c'est le 5<sup>e</sup> ton en C. La clef du sixième ton irrégulier, qui est aussi très-commun, se transpose le plus souvent en clef d'*ut* sur la quatrième ligne avec si bémol; c'est le 6<sup>e</sup> ton en C.

# CHAPITRE CINQUIÈME.

## DU CROCHET ET DES NEUMES.

### 1º DU CROCHET.

On appelle *crochet* ou *périélèse*, la cadence par où se terminent, suivant l'usage de Paris et de plusieurs autres diocèses, les intonations, les versets des répons, graduels, etc.

### EXEMPLE:

(1) A désigne la note *la*, finale du premier ton irrégulier, avant qu'il ne fût transposé.

On emploie le *crochet* dans le chant, pour avertir le chœur (1) que c'est à lui de poursuivre ; excepté pourtant lorsqu'on le fait en terminant l'imposition des antiennes de vêpres, etc., où il avertit seulement le choriste de poursuivre par l'intonation du psaume. Comme ces antiennes sont notées sans crochet, parce que le chœur doit les reprendre sans intonation à la fin de chaque psaume, voici la manière de le suppléer dans leur imposition.

Le crochet se fait différemment selon que la note sur laquelle on doit l'exécuter monte ou descend.

1° Si la note qui termine l'imposition d'une antienne,

(1) Le crochet servoit dans le principe à organiser ce qu'on appeloit le *déchant*, DISCANTUS, c'est-à-dire chant à deux parties ; par exemple, tandis qu'un choriste entonnoit ainsi un introït, un graduel, etc.,

un autre l'entonnoit de la manière suivante :

On voit que le *si* et le *sol* chantés en même temps formoient un accord de tierce.

Les anciens aimoient ces sortes d'agrémens dans le chant ; ils en faisoient un fréquent usage, surtout aux fêtes solennelles, non-seulement dans les intonations, mais encore dans le cours de tout ce qui se chantoit par plusieurs choristes, comme les versets des graduels, alleluia, etc.

Ces sortes d'accords n'étoient jamais exécutés par le chœur, et ils n'avoient point lieu dans les offices des Morts. C'est peut-être pour cela, qu'aujourd'hui encore, on omet le crochet dans ces mêmes offices, et que le chœur n'en fait point.

va en montant, avant de chanter cette dernière note,
on hausse d'une note au-dessus et on baisse d'une autre
note au-dessous.

EXEMPLE :

2° Si au contraire la dernière note de l'imposition va
en descendant, on baisse d'une note au-dessous avant de
la chanter.

EXEMPLE :

3° Il est des cas où pour mieux exécuter la cadence,
il faut ajouter ou retrancher une note. C'est alors le
goût qui en décide.

EXEMPLE :

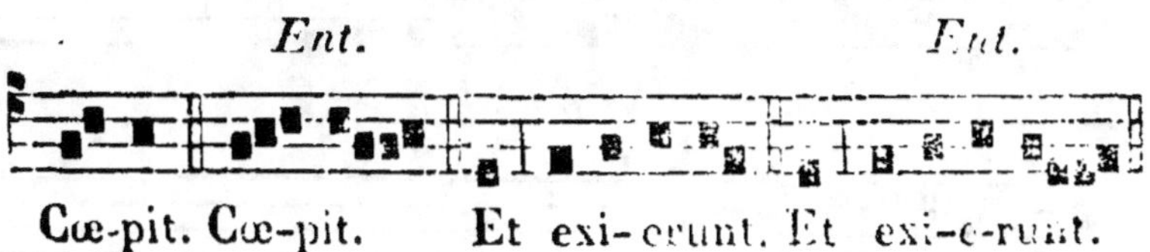

4° Quelquefois enfin il est plus harmonieux de terminer l'imposition d'une antienne par une demi-cadence.

EXEMPLE :

2o DES NEUMES.

Le *Neume*, qu'on appelle en grec *pneuma*, et en latin *jubilum*, est une suite de notes que l'on ajoute à la fin des antiennes. Ces neumes ou jubilations, suivant saint Augustin, sont plus propres à marquer la plénitude de joie, qui doit accompagner nos prières, que les paroles mêmes avec lesquelles nous les formons; et rien, selon ce Père, n'est plus digne de la grandeur de Dieu, à laquelle nos paroles ne peuvent répondre : *Et quem decet*, dit-il, *ista jubilatio, nisi ineffabilem Deum?*... S. Aug., *in Psal.* 32.

TABLEAU *des Neumes propres à chaque ton.*

1<sup>er</sup> *ton en* **A** *et en* **D.**

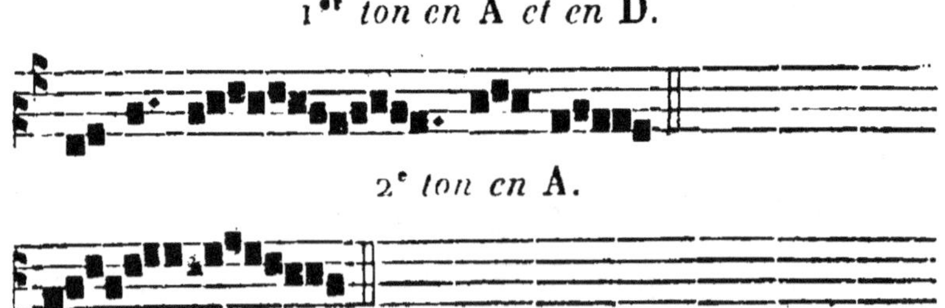

2<sup>e</sup> *ton en* **A.**

2ᵉ ton en **D.**

3ᵉ ton.
4ᵉ ton en E.
4ᵉ ton en A.
5ᵉ ton en C.
5ᵉ ton en F.
6ᵉ ton en C ou en F.
7ᵉ ton.
8ᵉ ton.

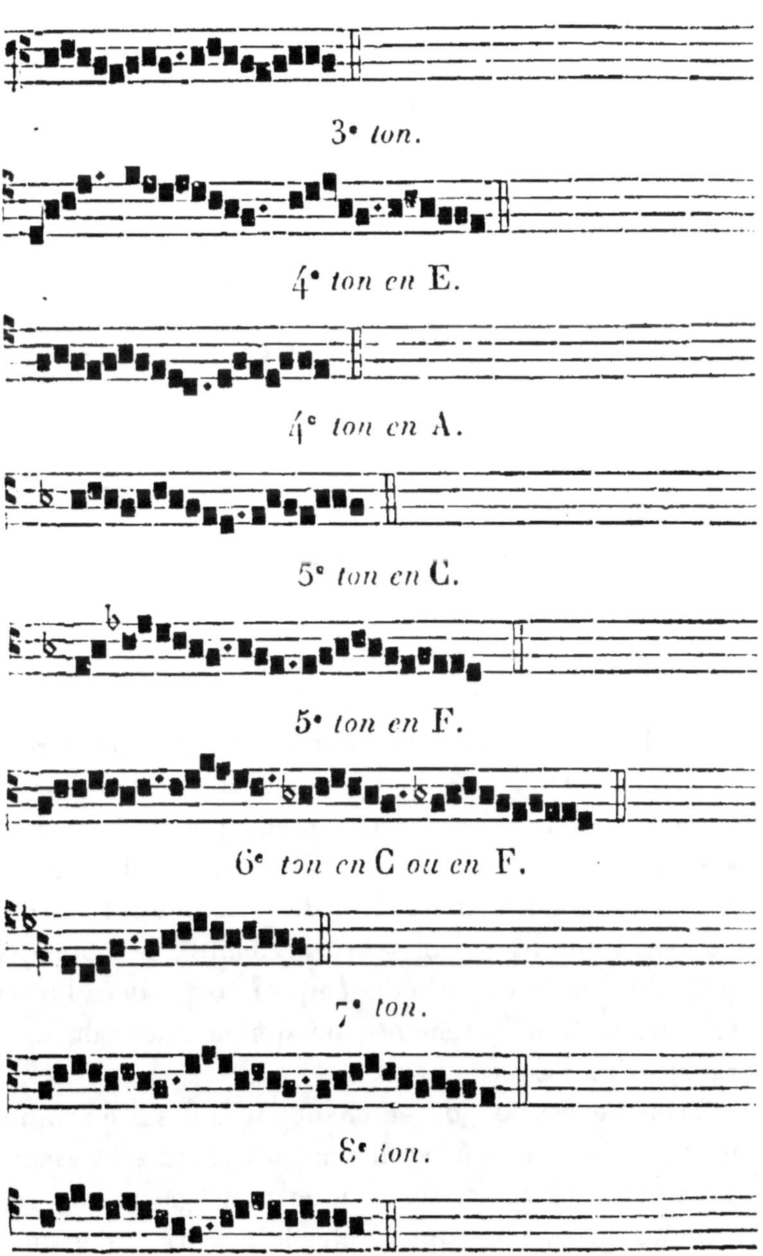

# SECONDE PARTIE.

### DIFFÉRENTES ESPÈCES DE PLAIN-CHANTS.

On en distingue de trois sortes, le chant *battu*, le chant *coulé*, et le chant *mesuré*.

# CHAPITRE PREMIER.

### DU CHANT BATTU.

1° Le chant *battu* consiste à donner à chaque note la même valeur, sans appuyer plus long-temps sur les carrées doubles et les carrées à queue que sur les carrées simples. Quant aux brèves, elles font partie pour le temps de la note qui précède, de sorte que si l'on veut donner à une brève un quart de temps, la note qui précède perdra un quart de temps. Lorsque deux brèves se suivent immédiatement, on donne à la seconde la valeur d'une carrée.

Dans l'exécution de ce chant, il faut faire comme le balancier d'une pendule dont les coups sont égaux pour le temps, peser sur chaque note également, reprendre son haleine sans arrêter la mesure, aller tout d'un trait jusqu'à la fin, observant toutefois de peser plus long-temps sur les deux dernières notes de la pièce, ou sur la dernière seulement avant chaque reprise des pièces qui se chantent à deux chœurs, comme le *Te Deum*, etc.

Cependant dans les versets, *Gloria Patri* des répons, introïts, graduels, et en général dans tous les morceaux où l'on chante seul ou à deux, on pèse plus long-temps non-seulement sur les deux dernières notes finales, mais encore sur les carrées suivies d'une grande barre, et sur les deux dernières notes des crochets.

2° On chante en chant *battu*, les invitatoires, les répons, les antiennes, introïts, graduels, *Alleluia*, traits, offertoires, communions : les *Kyrie*, *Sanctus*, *Agnus*, quelques *Gloria in excelsis* et *Credo*, les *Benedicamus*, le *Te Deum*, quelques proses, *Inviolata*, *Lauda Sion*, *Dies iræ*, etc ; les hymnes *Veni Creator*, *Grates peracto*, *Pange lingua*, *Vexilla regis*, etc.

*Nota*. Il y a des pièces qui appartiennent au chant *battu*, où les brèves sont trop multipliées ; il seroit à propos de ne faire brèves que les syllabes qui le demandent absolument, telles que les pénultièmes (1) brèves, et les dernières des mots suivis d'un monosyllabe qui leur est lié.

_______________

(1) On appelle pénultième l'avant-dernière syllabe d'un mot.

# CHAPITRE DEUXIÈME.

## DU CHANT COULÉ.

On appelle *chant coulé*, le chant des *Psaumes*, *Épîtres*, *Evangiles*, *Oraisons*, *Préfaces*, etc., et généralement le chant des pièces où il n'y a qu'une seule note sur la plupart des syllabes et où les notes brèves sont très-multipliées et placées sur des syllabes ordinairement longues dans le chant battu.

La beauté du *chant coulé*, ainsi dénommé parce que la voix en l'exécutant, coule plutôt qu'elle ne pèse sur les notes, dépend du goût et plus encore de l'observation de la quantité qui lui est propre.

La quantité qui doit s'observer dans le *chant coulé*, et que nous appellerons *quantité psalmodique*, consiste à chanter chaque syllabe avec la mesure qui lui convient par sa nature ou sa position dans les mots.

On distingue quatre sortes de syllabes, qui correspondent en quelque façon aux quatre espèces de notes dont on fait usage dans le plain-chant, savoir :

*Des syllabes longues* ACCENTUÉES,
*Des syllabes longues* COMMUNES,
*Des* COULÉES *ou brèves* COMMUNES,
*Des brèves* PARFAITES.

1° La syllabe longue *accentuée*, ainsi appelée pacce qu'elle est ordinairement désignée par un accent

aigu dans les livres d'église, est celle sur laquelle on
se repose en quelque sorte en prononçant le mot. Il
n'y a qu'une syllabe longue *accentuée* dans chaque
mot : dans les mots de deux syllabes, c'est la pénultième (*a*) ; dans ceux de plus de deux syllabes, c'est
encore la pénultième, si cette pénultième est longue
de sa nature (*b*); si au contraire elle est brève de sa
nature , c'est l'antépénultième qui sera la syllabe
longue *accentuée,* quelle que soit sa quantité naturelle (*c*).

### EXEMPLES :

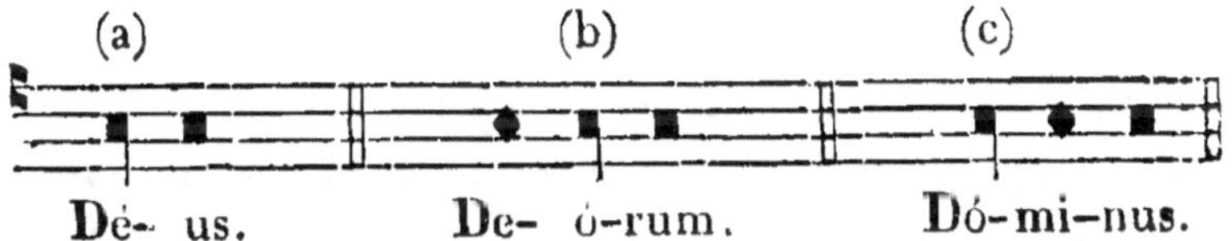


2° Les syllabes dans le corps des mots sont des longues *communes* et des *coulées;* longues, celles qui le
sont de leur nature , et coulées , celles qui sont brèves
de leur nature.

La dernière syllabe des mots, ainsi que les monosyllabes, sont des longues *communes.*

3° Les brèves *parfaites* sont dans les mots de plus
de deux syllabes ; 1° la pénultième , quand cette pénultième est brève de sa nature , ce qu'on peut reconnoître quand l'antépénultième est accentuée; 2° les
syllabes terminées par une voyelle suivie immédiatement dans le même mot d'une autre voyelle, par
exemple, les syllabes *si, tu,* de *confessionem , mortuorum.*

On regarde encore comme brève *parfaite* la dernière syllabe des mots suivis d'un monosyllabe , pourvu

que ce monosyllabe leur soit lié par le sens d'une manière plus prochaine qu'avec le mot suivant (*a*) (*b*) ;
pourvu encore que la pénultième de ces mêmes mots
ne soit pas déjà brève elle-même, car il est de règle
dans le chant coulé de ne point admettre deux brèves
de suite.... (*c*).

EXEMPLES :

(a)                    (b)                    (c)

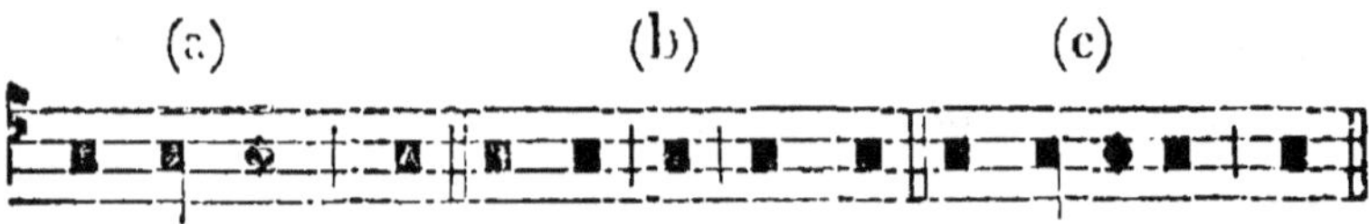


*Remarque.* Les règles précédentes ne souffrent d'exception que pour le chant de la terminaison des psaumes. Lorsqu'un verset se termine par un seul monosyllabe, la pénultième du mot est toujours censée longue
et la dernière brève.

EXEMPLE :

## ARTICLE PREMIER.

*De la Psalmodie, ou du chant des Psaumes et des
Cantiques évangéliques.*

On distingue quatre choses dans la psalmodie :
*L'intonation*, la *dominante*, la *médiation* et la *terminaison*.

1° *L'intonation* est la manière de commencer un
psaume ou un cantique, et elle comprend toutes les
notes qui conduisent à la *dominante*.

Parmi les *intonations,* les unes ont une *liaison* et les autres n'en ont pas. On appelle *intonations liées,* celles dont la seconde note est jointe avec la troisième sur la même syllabe, comme dans le 1er, le 3e, le 4e, le 6e et le 7e ton. On appelle *intonations non liées,* celles où chaque syllabe n'a qu'une seule note, comme dans le 2e, le 5e et le 8e ton.

Les deux vers suivans indiquent ces différentes intonations :

*Non ligat octavus, seu quintus, sive secundus ;*
*Verùm aliis in quinque notas unire memento.*

*Nota.* Lorsque la seconde syllabe de l'intonation des 1er, 3e, 4e, 6e et 7e tons est brève ou coulée, on fait la liaison sur la troisième syllabe. (Voyez, pag. 39.)

2° La *dominante* est la note sur laquelle roule le chant du psaume ou du cantique.

3° On appelle *médiation* le chant des dernières syllabes de la première partie d'un verset. La fin de cette première partie, ainsi que la pause qu'on y doit observer, se marquent ordinairement par un astérique * ou par deux points :.

La médiation, si l'on excepte celles du 1er et du 6e ton dans le chant romain, et du sixième seulement dans le chant parisien, commence à la première note qui s'écarte de la dominante.

Voici sur la *médiation* plusieurs règles à observer, dont on trouvera des exemples dans le tableau suivant.

1° *Quand le dernier mot de la médiation est hébreu, grec, indéclinable ou monosyllabe, comme* Israel, Ephrata, Jacob, sum, est, te, me, *etc.,* on *élève la dernière syllabe de ce mot d'un degré au-des-sus de la dominante, mais seulement dans le* 2⁰, *le* 4ᵉ, *le* 5ᵉ *et le* 8ᵉ *ton.* (Voyez, pag. 40.)

2⁰ *Lorsque la médiation se termine par deux mo-nosyllabes, ils équivalent pour lors à un mot de deux syllabes, et on élève la médiation sur le premier dans les quatre tons précités.* (Voyez, pag. 40.)

3⁰ *Lorsque la pénultième syllabe des mots latins est brève, il faut baisser ou hausser la médiction sur l'antépénultième.* (Voyez, pag. 39.)

4° *Quand la dernière syllabe d'un mot suivi d'un monosyllabe doit se prononcer brève suivant la quan-tité psalmodique, l'inflexion de la médiation du pre-mier ton ne doit jamais se faire sur cette syllabe, mais sur la précédente.* (Voyez, pag. 39.)

5⁰ *Dans le* 3ᵉ *et le* 7ᵉ *ton, on ne doit jamais élever la médiation sur la dernière syllabe d'un mot, ni sur la pénultième qui seroit brève, mais sur la pré-cédente.* (Voyez, pag. 40.)

*Nota.* Dans les tons impairs, l'intonation et la mé-diation des cantiques évangéliques sont les mêmes que celles des psaumes : mais dans les tons pairs, quel-quefois l'intonation, et toujours la médiation sont dif-férentes.

4° On appelle *terminaison* la manière de terminer les versets des psaumes et des cantiques.

On a introduit dans la psalmodie un grand nombre de terminaisons, afin de la rendre plus agréable par la variété (1).

_______________

(1) «L'utilité, dit l'abbé Lebeuf, qu'on trouva à rendre la fin de chaque verset des psaumes plus sensible par une cadence de

Il y a trois espèces de terminaisons ; les unes sont appelées *incomplètes*, parce qu'elles ne descendent pas jusqu'à la finale de leur mode ; les autres *complètes*, parce qu'elles aboutissent précisément à la finale de leur mode ; et les troisièmes *plus que complètes*, parce qu'elles descendent au-dessous de la finale du mode.

De toutes les terminaisons, les *complètes* sont les plus belles et les plus majestueuses.

Il est d'usage dans les livres d'église, d'indiquer avant chaque antienne le ton du psaume par un chiffre, et sa terminaison par une lettre alphabétique suivant la notation des anciens.

voix ou par une petite neume, ( c'est ainsi qu'on appeloit la réunion de deux ou trois notes différentes sur une même syllabe) fut ce qui fit naître dans le chant des psaumes ce qu'on appelle la *terminaison*. Il n'y eut point de mode dans lequel il ne fût facile d'en faire plus ou moins, suivant que la corde dominante est plus ou moins éloignée de la corde finale de l'antienne ; c'étoit un expédient très-sage pour empêcher l'ennui dans la psalmodie : mais on ne se contenta pas de moduler la fin des versets ; on s'aperçut que le sens demandoit des poses et des divisions. On devoit faire sentir ces divisions ou distinctions par quelqu'espèce de modulation ; ce fut ce qui donna l'idée de ce qu'on appelle la médiation ou médiante des versets. L'intonation est venue depuis, mais elle n'a pas été reçue si généralement, parce qu'elle n'a été inventée principalement que pour le premier verset de chaque psaume. La médiation des versets et leurs terminaisons sont les deux endroits où l'on s'est attaché à diversifier autant qu'il a été possible, parce que ce sont deux extrémités éloignées à peu près également l'une de l'autre...

»Lorsque ces différentes terminaisons furent inventées, on fixa l'emploi de chacune, selon que l'antienne qu'on intercaloit entre les versets du psaume, ou que l'on chantoit au moins avant ou après le psaume, sembloit l'exiger : en sorte qu'à telle terminaison appartenoit tel commencement d'antienne, et que tel ou tel commencement d'antienne exigeoit telle terminaison et s'y rapportoit. C'est ce qui forma pour la composition du chant psalmodique des espèces de règles qu'on pourroit appeler la Grammaire du chant.»

La lettre *majuscule* indique une terminaison *complète*, la *minuscule* une terminaison *incomplète*, ou *plus que complète*.

*Nota.* Les voyelles *e, u. o, u, a, e,* placées sous les terminaisons, sont celles des mots *Seculorum, Amen.*

TABLEAU *des Intonations, Dominantes, Médiations et Terminaisons des Psaumes suivant le chant parisien.*

### PREMIER TON.

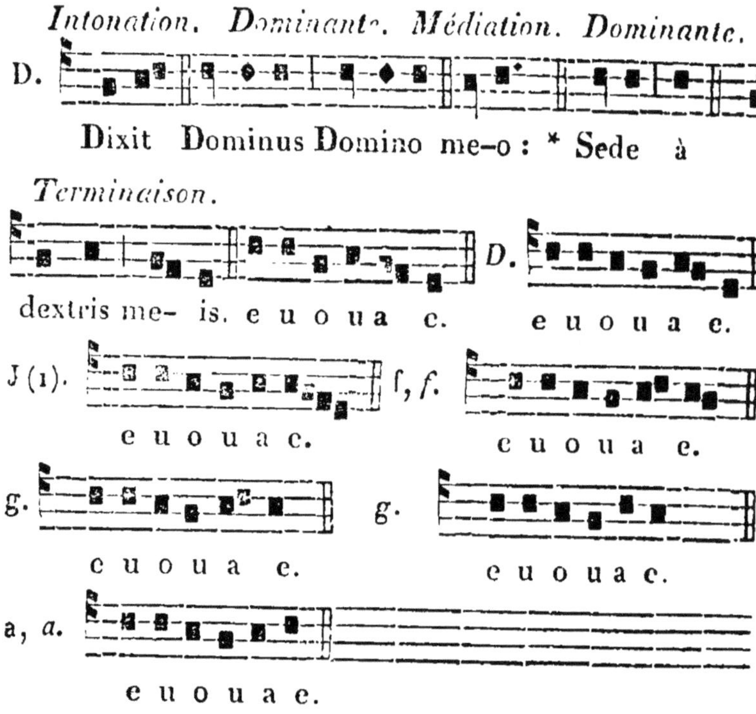


(1) Les D majuscules étant déjà employés à caractériser d'autres finales du même mode, il est d'usage de marquer celle-ci par un J, dont la queue rappelle assez la traînée de notes qui aboutit à cette finale.

*Exemples d'Intonations.*

*Exemples de Médiations.*

*Exemples de Terminaisons.*

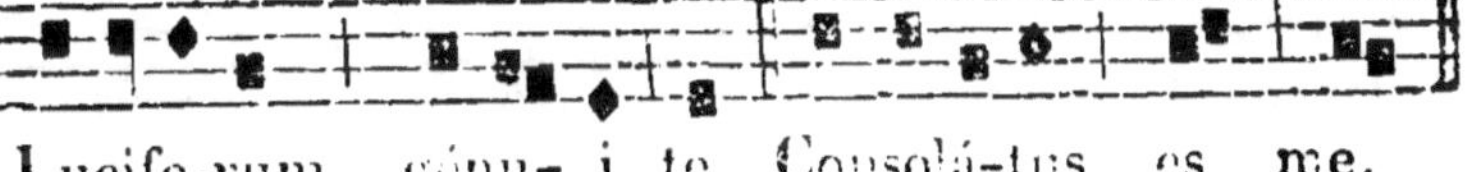


*PREMIER TON IRRÉGULIER ET TRANSPOSÉ.*

**DEUXIÈME TON.**

## DEUXIÈME TON IRRÉGULIER.

## TROISIÈME TON.

## QUATRIÈME TON.

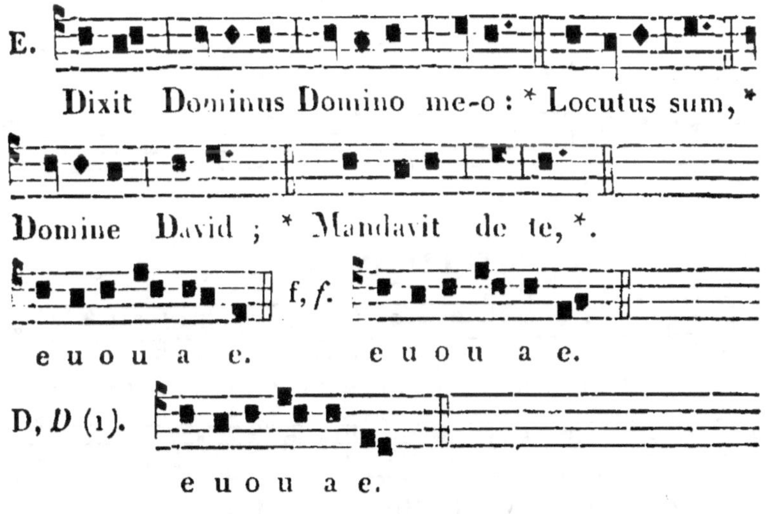


## QUATRIÈME TON.

### Aux Féries.

(1) Cette terminaison, d'après l'usage, est désignée par un D majuscule.

## QUATRIÈME TON IRRÉGULIER.



## CINQUIÈME TON.



## CINQUIÈME TON IRRÉGULIER ET TRANSPOSÉ.

## SIXIÈME TON.

### SIXIÈME TON IRRÉGULIER ET TRANSPOSÉ.

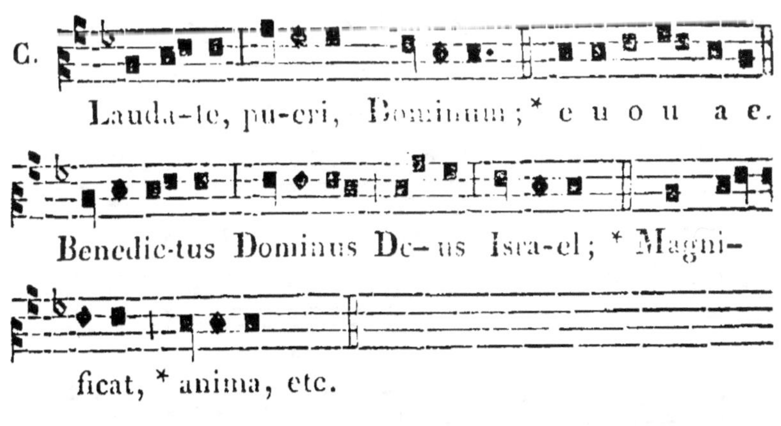


### AUTRE SIXIÈME TON IRRÉGULIER ET TRANSPOSÉ.

## SEPTIÈME TON.



(1) La terminaison du septième ton, non plus que sa médiation, ne s'élève jamais sur la dernière syllabe d'un mot, ni sur une pénultième brève, mais on l'anticipe sur la syllabe précédente

## HUITIÈME TON.

# FAUX-BOURDONS DES PSAUMES.

On appelle *faux-bourdon* les accords que forment
plusieurs voix qui chantent ensemble, selon le degré
d'étendue propre à chacune. On distingue quatre sortes
de voix principales : 1° la *basse*, qui rend les sons les
plus graves et les plus sourds ; 2° le *dessus*, qui est la
plus claire et la plus perçante, comme les voix puériles ;
3° la *taille*, qui tient le milieu entre la basse et la

haute-contre ; 4° la *haute-contre*, qui marche entre la taille et le dessus.

Bien que le chant en *faux-bourdon* ne soit pas d'obligation, cependant, comme il donne beaucoup de dignité à l'office divin, il convient d'en faire usage, au moins dans les grandes solennités, lorsque le chœur est composé de voix suffisantes.

Il est essentiel pour la beauté et la perfection de ce chant, de s'accorder, surtout dans la médiation et la terminaison des psaumes, mot pour mot, syllabe pour syllabe, sans quoi il n'y auroit plus d'harmonie.

TABLEAU *des huit tons en faux-bourdon à trois parties, par M. Th. Deniset.*

« Plusieurs faux-bourdons étant d'un effet assez désagréable, nous avons cru devoir ne présenter ici que les plus mélodieux et les plus usités, et encore parmi eux, quelques-uns doivent être préférés; tels sont le 5e ton, le 7e et le 1er ; nous les avons écrits à trois parties, pour éviter ces accords confus et presque toujours inintelligibles que présentent les faux-bourdons à quatre parties.

Nous osons nous flatter que jusqu'à présent aucun travail plus satisfaisant n'a été offert sur cette partie si importante et si difficile du chant de l'église. »

## PREMIER TON. J.

*Intonation.*

Dixit... Domino me-o : * e u o u a e.

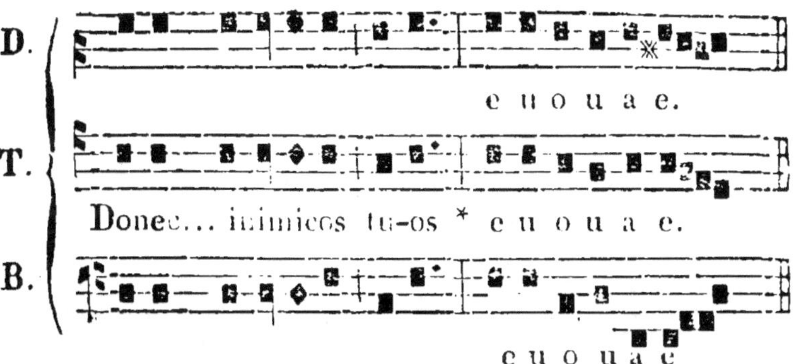


## DEUXIÈME TON. D.

*Intonation.*

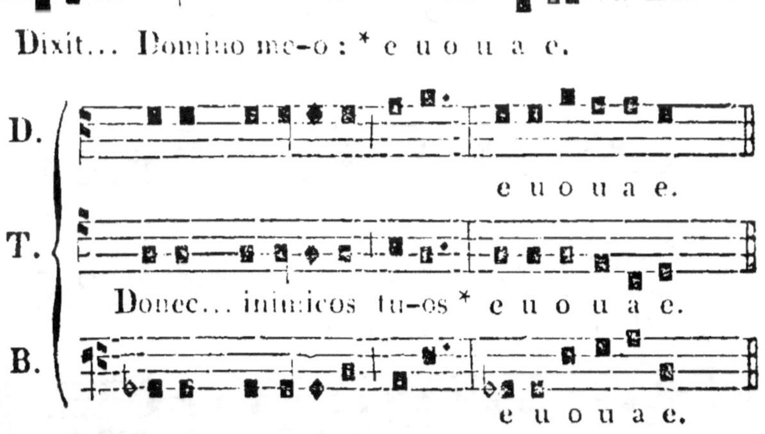


## TROISIÈME TON. E.

*Intonation.*

## QUATRIÈME TON. E.

*Intonation.*

## CINQUIÈME TON. C.

*Intonation.*

## SIXIÈME TON. (Royal.)

*Intonation.*

## SEPTIÈME TON. D.

*Intonation.*

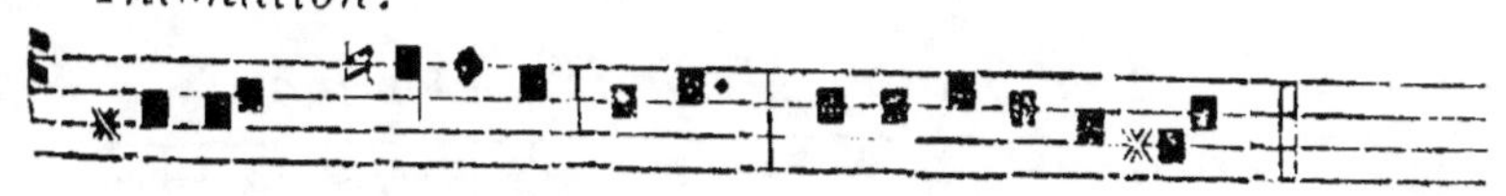

## HUITIÈME TON. G.

*Intonation.*

TABLEAU *des intonations, dominantes, médiations et terminaisons des Psaumes, suivant le chant romain.*

## PREMIER TON.

*Aux Fêtes Doubles.*

*Intonation. Dominante. Médiation. Dominante.*

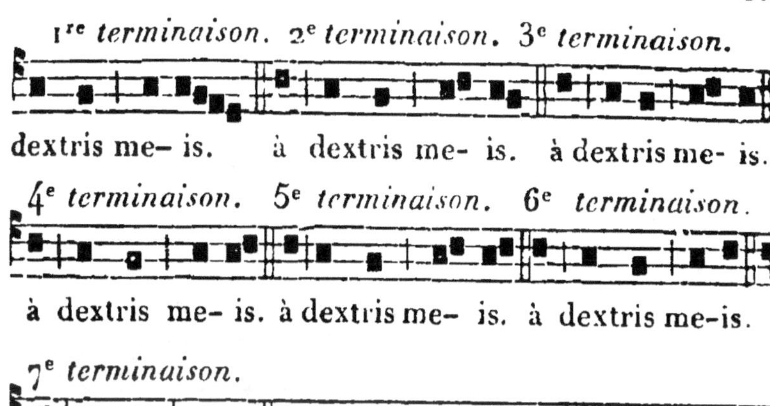

1<sup>re</sup> *terminaison.* 2<sup>e</sup> *terminaison.* 3<sup>e</sup> *terminaison.*

dextris me- is. à dextris me- is. à dextris me- is.

4<sup>e</sup> *terminaison.* 5<sup>e</sup> *terminaison.* 6<sup>e</sup> *terminaison.*

à dextris me- is. à dextris me- is. à dextris me-is.

7<sup>e</sup> *terminaison.*

à dextris me- is.

*Aux Sémi-doubles et au-dessous, et aux petites-heures.*

Dixit Dominus Domino me-o.

## DEUXIÈME TON.

*Aux Fêtes Doubles.*

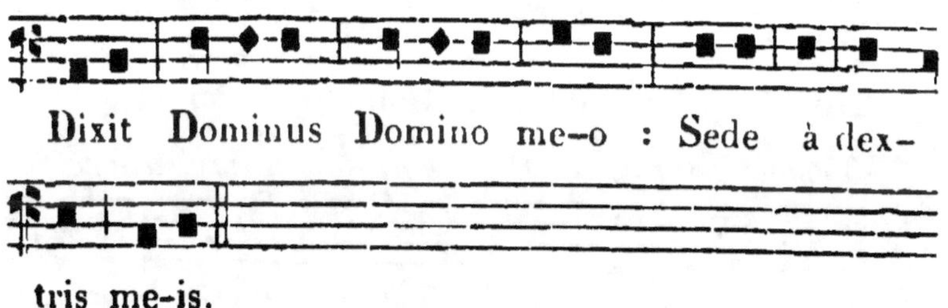

Dixit Dominus Domino me-o : Sede à dex-

tris me-is.

*Aux Semi-doubles et au-desous, aux petites-heures et à l'Office des Morts, l'intonation des Psaumes se fait tout droit sur le* fa.

## TROISIÈME TON.

*Aux Fêtes Doubles.*

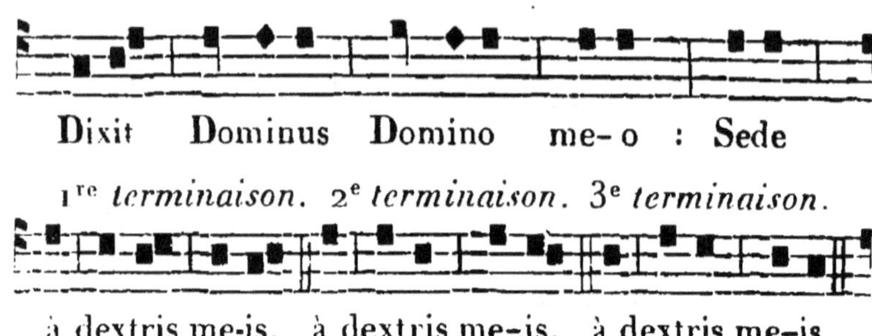


4e *terminaison.*

*Aux Semi-doubles et au-dessous, on entonne tout droit sur la Dominante.*

## QUATRIÈME TON.

*Aux Fêtes Doubles.*

*4ᵉ terminaison irreg.*

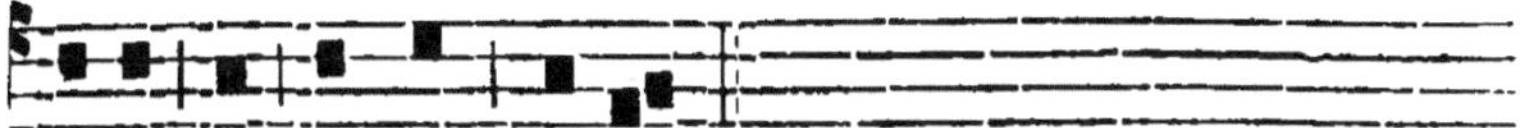

Sede à dextris me-is.

*Aux Semi-doubles et au-dessous, l'intonation est droite sur la dominante.*

## CINQUIÈME TON.

*Aux Fêtes Doubles.*

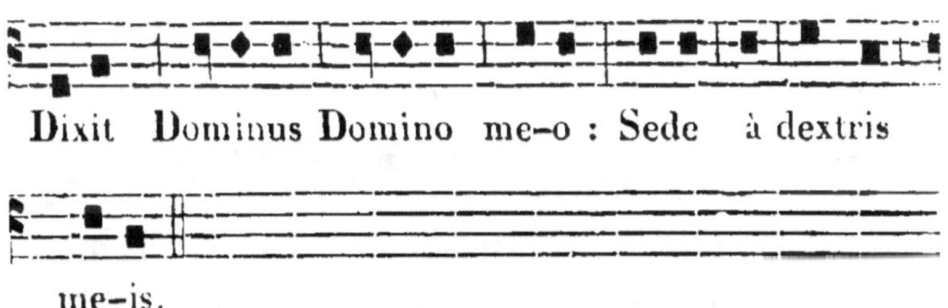


*Aux Semi-doubles et au-dessous, on fait l'intonation droite sur la dominante.*

## SIXIÈME TON.

*Aux Fêtes Doubles.*

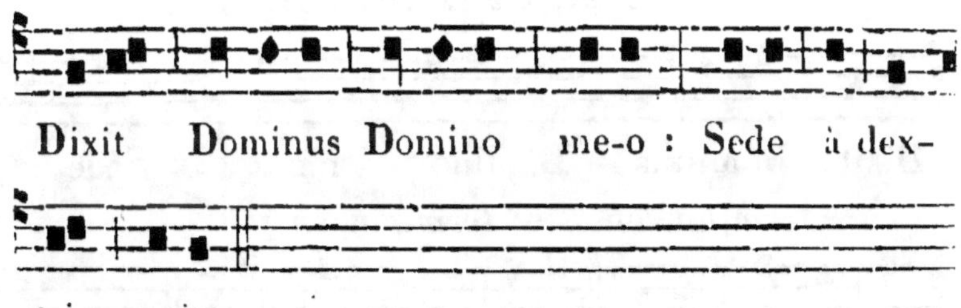


*Aux Semi-doubles, etc., on entonne sur la dominante.*

## SEPTIÈME TON.

*Aux Fêtes Doubles.*

*1ʳᵉ terminaison.*     *2ᵉ terminaison.*

*3ᵉ terminaison· 4ᵉ terminaison. 5ᵉ terminaison.*

*Aux Semi-doubles et au-dessous.*

## HUITIÈME TON.

*Aux Fêtes Doubles.*

*1ʳᵉ terminaison.    2ᵉ terminaison.*

*Aux Fêtes inférieures, l'intonation se fait droite sur l'ut.*

## HUITIÈME TON IRRÉGULIER.

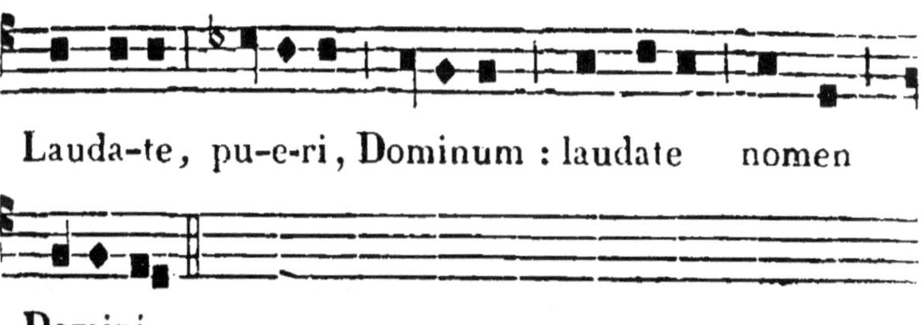





*Aux mots* hébreux, grecs, barbares, indéclinables, ou monosyllabes, *la médiation se fait ainsi :*

Lorsqu'après la médiation, il se trouve avant la terminaison quelqu'un des mots précités, il faut relever la dernière syllabe dans le *la.*

### EXEMPLE :

*Dans les autres mots latins, on ne doit jamais relever la dernière syllabe dans le* la *: ainsi, il ne faut pas chanter :*

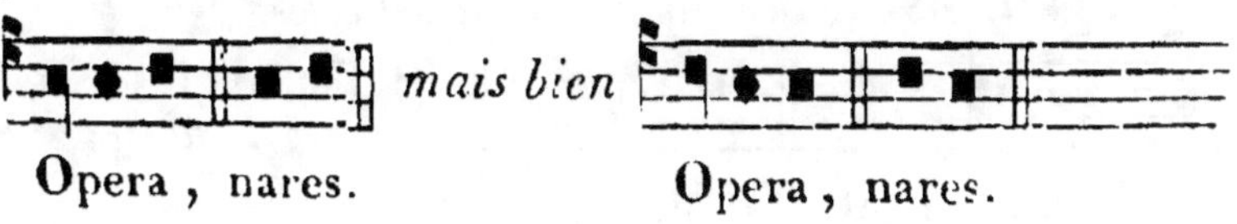

## INTONATIONS DES CANTIQUES ÉVANGÉLIQUES.

**I ET VI TONS.**

**II ET VIII TONS.**      *Aux Fêtes Solennelles.*

*Aux Fêtes Solennelles.*

**III TON.**

**IV TON.**

**V TON.**

**VII TON.**      *Aux Simples et aux Féries.*

*Nota.* Les Eglises qui font usage de Bréviaires et d'Antiphonaires particuliers, c'est-à-dire, qui ne sont ni Romains ni Parisiens, ont dans le chant des Psaumes, des intonations, des médiations et des terminaisons différentes de celles qui sont notées dans les tableaux précédens, mais les règles de la psalmodie sont toujours les mêmes.

## ARTICLE DEUXIÈME.

*Chant des Leçons, Epîtres et Evangiles, etc. à l'usage des diocèses de Paris, de Séez, etc., etc.*

### 1° DES LEÇONS.

*Les Leçons se chantent* recto tono, *et se modulent ainsi :*

1° Au point précédé d'un mot dont la pénultième est longue :

2° Au point précédé d'un mot dont la pénultième est brève :

3° Au point précédé d'un mot hébreu, grec, ou monosyllabe :

4° Au point d'interrogation et d'admiration :

Quid vis, fi- li mi? Carissima   in de-li-ci- is!

*En quelques diocèses, tei que celui d'Evreux, etc. le point d'interrogation et d'admiration se chante comme il suit :*

Quid vis fi-li mi?        Carissima    in de-li-ci- is!

5° A la terminaison:

Quod patrᾰ-(1) rat.    A plŭ- vi- a.

*Lorsque le dernier mot de la Leçon est hébreu ou monosyllabe, la terminaison se module ainsi :*

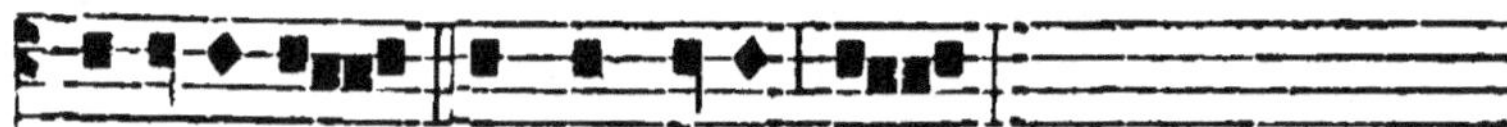

Jeru-sa-lĕm. Conver-satus ĕst.

## 2° DE L'ÉPITRE.

L'Epître se chante de la même manière que les Leçons : il faut seulement observer que toutes les syllabes marquées de ce signe ′ doivent être abaissées d'une tierce mineure au-dessous du *recto tono*; et qu'au con-

_____

(1) Cette figure ˘ qu'on trouve dans les Missels indique la syllabe sur laquelle doit se faire la demi-cadence finale.

traire, celles qui sont marquées de celui-ci ▲, doivent être élevées d'une tierce mineure au-dessus.

EXEMPLE :

L'Astérisque * qu'on trouve vers la fin de l'Epître indique qu'on doit chanter sur les trois notes *sol*, *la*, *ut*, la syllabe sur laquelle ce petit signe se trouve placé.

EXEMPLE :

*A Evreux, etc. l'Epître se chante comme il suit :*

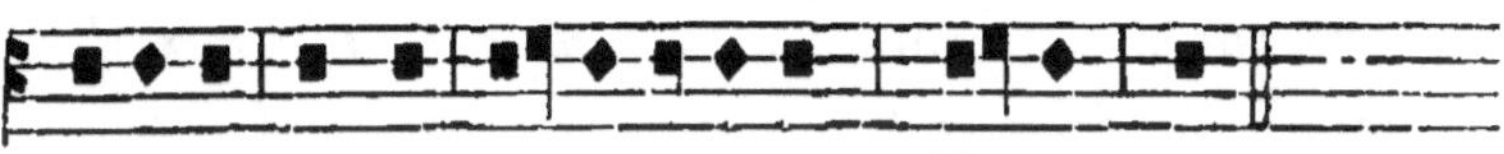

### 3° DE L'ÉVANGILE.

Les règles pour le chant de l'Evangile sont les mêmes que pour l'Epître, excepté qu'il faut baisser d'un demi-ton à toutes les syllabes sur lesquelles ce signe ˘ se trouve placé.

## EXEMPLE :

*A Evreux, etc. le signe précédent indique de faire une tenue sur la syllabe qui en est affectée.*

## EXEMPLE :

### Chant du Capitule.

*Lorsque le dernier mot est hébreu, indéclinable ou monosyllabe, il se termine ainsi :*

## EXEMPLE :

*Chant du verset après l'hymne de Laudes et de Vêpres.*

*Chant du verset d'une Mémoire.*

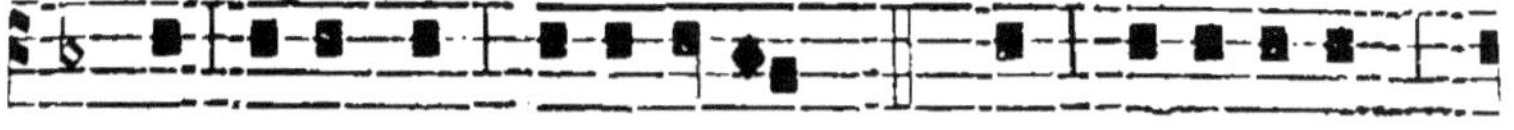

℣. In æternum exultabunt ; ℟. Et  habitabis

in e–is.

*Si le dernier mot du ℣. est hébreu, grec, etc. on termine comme il suit :*

**EXEMPLE :**

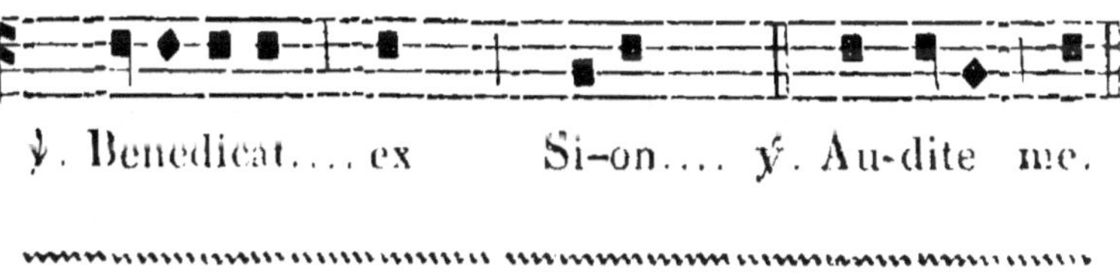

℣. Benedicat.... ex      Si–on.... ℣. Au–dite  me.

# CHAPITRE TROISIÈME.

### DU CHANT MESURÉ.

On entend par *chant mesuré*, celui qui se chante en mouvement, c'est-à-dire à notes inégales, ce qui a lieu lorsqu'une carrée et une brève se succèdent presqu'alternativement, comme dans beaucoup d'hymnes et de proses.

Il faut, pour la perfection de ce chant, observer exactement la valeur des notes, appuyer sur les carrées. passer vite les brèves, peser tant soit peu sur la dernière de chaque strophe pour faciliter la reprise du chœur suivant, bien placer les notes sur les syllabes auxquelles elles appartiennent ; enfin, observer les *élisions* qui se rencontrent.

On appelle *élision* la suppression d'une voyelle ou d'une *m* devant un mot qui commence par une voyelle ou une *h* ; par exemple, au lieu de dire : *infunde amorem, lucem habitavimus,* prononcez par *élision, infund'amorem, luc'habitavimus.*

Plusieurs hymnes, comme *Statuta decreto Dei, Christe pastorum,* etc., et la plupart des proses, comme *Votis Pater annuit, Ave plena gratiâ,* etc., sont du chant mesuré, bien que la mesure ne se trouve pas ordinairement marquée dans les livres.

Pour marquer la mesure, il faut faire attention à la nature du chant de la pièce ; par exemple, le chant de la prose *Votis Pater annuit,* dont le mouvement (1) dans la musique se battroit à $\frac{3}{8}$ se mesure ainsi : on place une carrée et une brève, ou trois brèves, ou l'équivalent, entre deux petites barres, sans avoir égard à la séparation des mots. Le point ⁔ dans les pièces où la mesure est marquée, augmente la note qui précède de la moitié de sa valeur.

EXEMPLE :

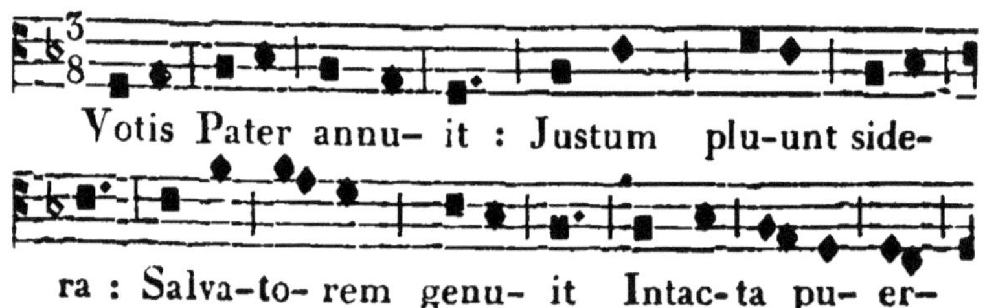


(1) On appelle mouvement le degré de vitesse ou de lenteur que donne à la mesure le caractère de la pièce que l'on chante

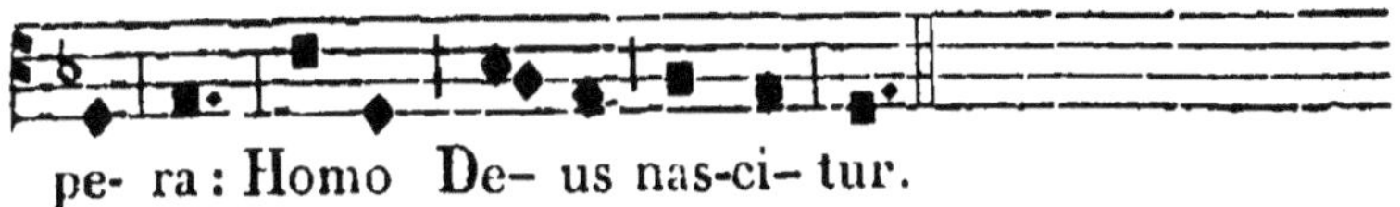



Le chant de l'hymne *Christe pastorum* , dont le mouvement dans la musique se battroit à $\frac{2}{4}$ se mesure de la manière suivante : on place entre deux barres, deux carrées, ou quatre brèves, ou l'équivalent.

EXEMPLE :

*Nota.* Ce chant rentrant, quant à la mesure, dans le chant musical ; voyez *élémens comparés de musique et de plain-chant musical.*

# TROISIÈME PARTIE.

## DES RÈGLES DU CHANT.

## CHAPITRE PREMIER.

### DE L'INTONATION.

Il ne suffit pas de savoir entonner juste une pièce de chant, il faut encore savoir la prendre au ton convenable, c'est-à-dire ni trop haut ni trop bas ; autrement on risque de se forcer la voix, et le chant devient pénible et pour celui qui l'exécute et pour celui qui l'entend.

Pour trouver le ton convenable d'une pièce, il faut partir de sa finale, en se conformant aux deux règles suivantes.

### 1<sup>re</sup> RÈGLE.

*La finale des tons impairs se prend dans le bas de la voix.* On concevra la raison de cette règle en se rappelant que les tons impairs ont leur étendue au-dessus de leur finale.

### 2<sup>e</sup> RÈGLE.

*La finale des tons pairs se prend dans le milieu de la voix.* Cette règle vient aussi de ce que les tons pairs ont leur finale dans le milieu de leur étendue ; de sorte

qu'en la prenant dans le milieu de la voix, on se mé-
nage de quoi fournir également pour le haut et pour
le bas.

*Nota.* Les deux règles précédentes sur l'intonation,
sont subordonnées aux règles du ton du chœur et de
l'unisson.

# CHAPITRE DEUXIÈME.

## DU TON DU CHOEUR.

On entend par ton du chœur, un ton de voix raison-
nable, ni trop haut ni trop bas, une dominante proportionnée aux voix dont le chœur se compose, et au
degré de solennité des offices.

1° Proportionnée aux voix dont le chœur se com
pose. Comme il y a des chœurs composés les uns de voix
hautes, les autres de voix basses, la plupart de voix
hautes et basses, celui qui donne le ton d'un office doit
avoir égard à la nature des voix avec lesquelles il se
trouve.

2° Proportionnée au degré de solennité des offices.
Le ton du chœur doit être plus ou moins élevé, selon
que l'office est plus ou moins solennel.

Voici à peu près les règles que l'on doit observer à
cet égard. On prend pour ton du chœur,

Dans les Annuels et les Solennels-majeurs, *la ;*
Dans les petits Solennels et les Doubles, *sol ;*
Dans les Semidoubles et les Féries, *fa.*

Il est encore à remarquer que toutes les heures d'un
même office ne doivent pas se chanter sur le même

ton ; il y en a de plus solennelles les unes que les autres ; *Matines, Messe* et *Vêpres* sont plus solennels que
les *petites-heures* et *Complies*. Les *petites-heures*, par
conséquent, et *Complies* ne doivent pas se chanter si
haut à un ton près que *Matines, Messe* et *Vêpres*.

Comme la diversité des offices demande qu'on diver-
sifie le ton, elle exige aussi qu'on chante avec une mesure convenable à chacun. Aux Fêtes de premier ordre
il faut chanter lentement, modérément aux Fêtes de
second ordre, gravement aux Fêtes Doubles et Dimanches. Pour les autres Fêtes qui sont au-dessous, comme
les Semidoubles, Simples et Féries, on chante ce qu'on
appelle rondement, mais sans précipitation ; telle est la
mesure qui doit s'observer dans le chant, afin qu'on
remarque la différence des offices par le ton plus ou
moins élevé et par la manière plus ou moins posée dont
on chante.

# CHAPITRE TROISIÉME.

### DE L'UNISSON.

Le ton du chœur, ainsi qu'on a dû le remarquer
dans le chapitre précédent, est comme le pivot sur lequel tout le chant doit rouler.

Sur ce ton régulier et général doivent être prises
toutes les dominantes des pièces qui composent un office quelconque, c'est-à-dire qu'il faut donner à toutes
les dominantes, quel que soit leur nom, le même ton,
la même hauteur ; c'est ce qu'on appelle *observer la
dominante, chanter à l'unisson.*

Toute la beauté et la perfection du chant consiste à observer cette règle, à moins qu'on ne rencontre des pièces dont l'étendue soit trop au-dessus ou trop au-dessous de leurs dominantes. Dans ce cas, on peut changer le ton du chœur, en le baissant ou le haussant d'un ton, ce que l'expérience apprendra facilement.

Comme il n'est point d'office où il convienne autant d'observer *l'unisson* que dans le chant psalmodique, voici la manière d'élever les antiennes et les psaumes sur la même dominante.

Dans l'office des Vêpres, par exemple, après que le célébrant a chanté le *Deus in adjutorium*, etc., par lequel il désigne le ton du chœur; la première antienne, quelle qu'en soit la clef, et le premier psaume, s'élèvent ainsi :

*Ant.* 8. G. Do-mine.        Dixit Dominus.

D'abord au son du *la* dominante de *Deus in adjutorium*, conformez le son de l'*ut*, dominante de l'antienne *Domine*, puis de l'*ut* ainsi conformé, cherchez le ton du *mi*, première note de l'intonation, en y descendant par degrés conjoints. Pour ce qui regarde le psaume, sa dominante étant la même que celle de l'antienne, chantez son intonation comme une suite de l'intonation de l'antienne. Il en est de même, à proportion, des autres tons.

*Nota.* Lorsqu'une antienne doit être intimée par

quelqu'un exposé à la manquer, au lieu de vous en rapporter à l'intonation de cette antienne, recourez au ton de *Deus in adjutorium* ou du psaume précédent, pour y conformer le ton de votre psaume, et de là descendez par degrés conjoints à la première note de son intonation.

# CHAPITRE QUATRIÈME.

## DE LA TENUE ET DE LA PAUSE.

La tenue est une prolongation de voix qui se fait sur la syllabe qui précède la médiation et la terminaison des psaumes. Ce qui se pratique encore à la fin de la terminaison des antiennes, à la fin des versets, des répons et des graduels, et généralement à la fin de tout ce que l'on chante soit seul, soit en chœur.

La note sur laquelle la tenue doit s'observer est toujours la pénultième, quand on finit une pièce ou une intonation. Cette note est tantôt une carrée double, tantôt une carrée à queue, et le plus souvent une note pointée pour indiquer la pause ou repos qui suit la tenue.

Ce repos est plus ou moins long, selon que le chant est plus ou moins solennel. On en distingue de deux sortes ; le grand et le petit.

Le grand repos s'observe au milieu et à la fin des versets dans les psaumes ; le petit repos s'observe dans le cours des versets longs, après plusieurs mots qui forment un sens.

## EXEMPLE :

On voit, par cet exemple, ce que c'est que le repos, et comme tous doivent s'accorder à prononcer la même note ensemble, afin de le garder au même instant, ce qui produit un merveilleux effet dans la psalmodie.

# CHAPITRE CINQUIÈME.

### DU GOUT DU CHANT.

Le goût est une juste expression des sentimens de l'ame, qui fait connoître au chantre et à ceux qui l'écoutent le vrai caractère des paroles qu'il débite en chantant. Il est donc nécessaire que celui qui chante sente le premier ce qu'il dit, afin de le mieux faire sentir aux autres. Ces sentimens ne s'expriment point par des gesticulations du corps, ni par des mouvemens de la tête et des yeux, défauts qui ont été condamnés page 19. Les louanges du Seigneur ne peuvent se chanter avec trop de respect et de modestie ; il suffit donc d'exprimer ce que l'on chante par des inflexions différentes de la voix. Ces inflexions consistent à donner des sons plus ou moins forts ; c'est-à-dire quelquefois doux et tendres, quelquefois forts et durs ; d'autres fois il faut les brusquer selon le caractère et le sens des paroles que l'on chante, évitant toutefois de marquer ce caractère avec trop d'affectation. Il n'y a, comme on le voit, que celui qui chante seul et entend le latin, qui puisse bien appliquer les règles du goût dans leur entier.

Voici, en dernier lieu, une règle qui n'a pas moins d'importance que les précédentes. O vous, qui que vous soyez, qui osez pénétrer dans le sanctuaire de la divinité pour mêler vos voix aux concerts des anges et bénir celui qu'ils n'adorent qu'en tremblant, voulez-vous que le Seigneur prête l'oreille à vos accords ; voulez-vous qu'ils portent leur fruit, qu'ils fassent naître et fortifient dans les ames les sentimens de la dévotion et de la piété ; voulez-vous, en un mot, que votre chant en inspire.... ? Faites en sorte que votre conduite ne démente jamais ni vos chants, ni vos paroles. Une pièce qui respire l'amour divin, par exemple, gagne beaucoup à être chantée par quelqu'un qu'on sait rempli de cet amour ; tandis qu'elle perd beaucoup dans la bouche de celui à qui on ne peut rendre le même témoignage.

*Contra linguam testimonium non dicat vita ; cantate vocibus, cantate cordibus, cantate moribus.* Saint Augustin.

# CHAPITRE SIXIÈME.

### EXTRAIT DE RUBRIQUES CONCERNANT L'OFFICE DIVIN, SELON LE RIT PARISIEN.

Comme il se trouve beaucoup de chantres, surtout parmi le clergé des campagnes, qui n'entendent rien à l'économie des offices, rien aux diverses mémoires qui se chantent ordinairement aux Vêpres, ce qui n'est ni honorable pour eux, ni avantageux pour le célébrant, qui est obligé de trouver lui-même au lutrin tout ce qui doit être chanté ; voici quelques rubriques que tout chantre doit se faire un devoir de connoître.

1° Aux premières Vêpres et Complies de toutes les Fêtes, mêmes Annuelles, excepté celles de Pâques et de la Pentecôte, on chante les psaumes de la Férie occurrente, c'est-à-dire ceux du jour où l'on est.

2° Aux secondes Vêpres des Annuels et des Solennels-majeurs, on chante toujours les psaumes du Dimanche, à moins qu'il ne soit dit autrement au jour de la Fête.

3° Aux Solennels-mineurs ( excepté les Fêtes de la Circoncision et de l'Immaculée Conception ) et aux Fêtes d'un degré inférieur, on chante toujours les psaumes de la Férie occurrente, à moins qu'il ne soit dit autrement au jour de la Fête.

4° A l'égard des mémoires qui se chantent aux Vêpres des Dimanches et des Fêtes, il faut consulter le calendrier propre au diocèse, afin de savoir quels sont les saints dont les Fêtes tombent aujourd'hui ou demain. Si ces Fêtes tombent aujourd'hui, on en fait mémoire par l'antienne des secondes Vêpres, à moins que ces Fêtes ne soient transférées, ou que la solennité présente n'exclue ces sortes de mémoires. Si elles tombent demain, on en fait mémoire par l'antienne des premières Vêpres, à moins encore que ces Fêtes ne soient transférées, ou que la solennité présente n'exclue ces sortes de mémoires. Dans les Octaves, on prend toujours pour mémoire l'antienne de *Magnificat* des secondes Vêpres de la Fête, excepté la veille de l'Octave que l'on prend celle des premières Vêpres. Ces mémoires se prennent au propre, ou au commun, s'il n'y a pas de propre. On chante toujours les plus élevées en degré les premières.

5° Toutes les Fêtes Doubles-majeures, excepté celles qui arrivent dans les temps privilégiés de l'*Avent*, de la *Septuagésime* et du *Carême*, prennent la place du Dimanche où elles tombent, et l'office s'en fait avec mémoire du Dimanche. Quant à celles qui tombent dans les Dimanches des temps privilégiés, si ces Fêtes sont de Notre-Seigneur ou de la sainte Vierge, on les transfère au lendemain, et on en chante les premières Vêpres le Dimanche dont on fait seulement mémoire : si ces Fêtes ne sont pas de Notre-Seigneur ou de la sainte Vierge, on les transfère au premier jour non empêché, ou on les avance.

6° Aux Annuels et Solennels, on double en plusieurs Églises les antiennes de *Benedictus* et de *Magnificat*, c'est-à-dire on les chante en entier avant et après le Cantique ; il faut en ce cas se conformer aux usages de son Église, ainsi que pour toutes les cérémonies de l'Office divin.

# PIÈCES D'EXERCICE.

1° *Exercice de la clef d'ut sur la quatrième ligne.*

### PROSE A LA SAINTE VIERGE.

4

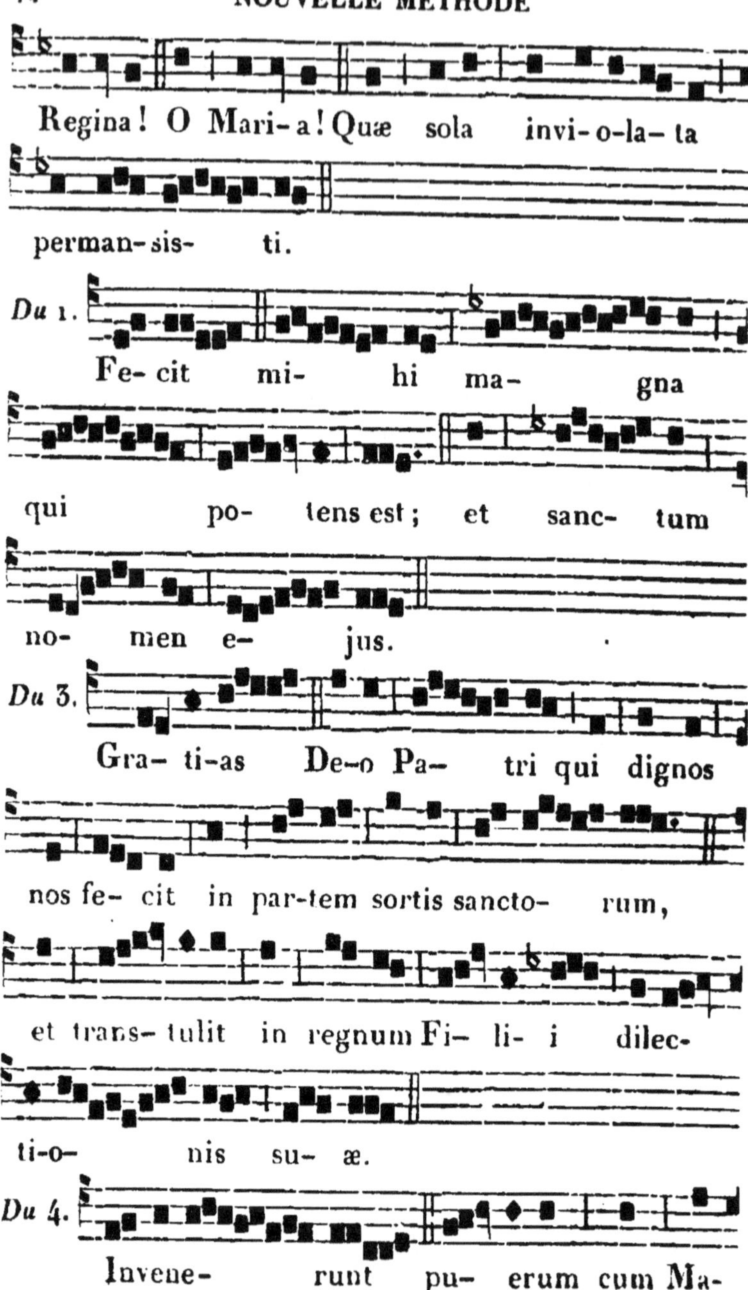

Regina! O Mari-a! Quæ sola invi-o-la-ta
perman-sis- ti.
Du 1.
Fe- cit mi- hi ma- gna
qui po- tens est; et sanc- tum
no- men e- jus.
Du 3.
Gra- ti-as De-o Pa- tri qui dignos
nos fe- cit in par-tem sortis sancto- rum,
et trans- tulit in regnum Fi- li- i dilec-
ti-o- nis su- æ.
Du 4.
Invene- runt pu- erum cum Ma-

ri- a matre e- jus, et pro- ciden- tes
adorave- runt e- um, al- le- lu- ia.
Du 6.
Subve- ni- te, Sancti De- i : occur-
rite, Angeli Domini, susci-pi-te a- ni-
mam e- jus, offer-te il- lam * In conspectu Altis- simi. ℣. Cho- rus Angelo-
rum e-am susci- pi-at, et in si-nu A-
brahæ e- am col- locet. * In conspectu.
Du 8.
Dis- ci- pu-lus quem di- lige- bat Je-
sus, re-cu-bu-it in Cœ- na super pec- tus

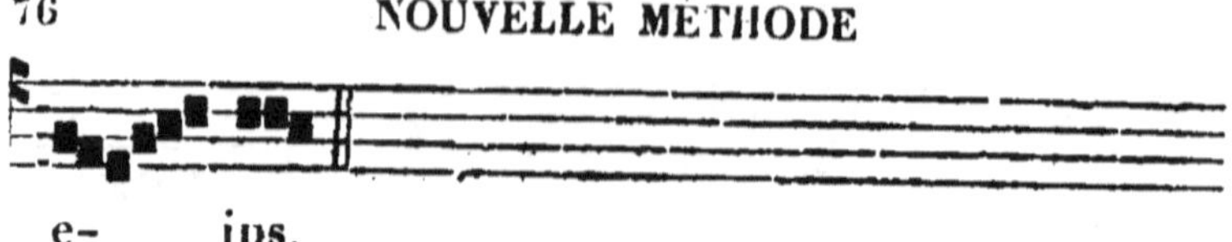

e- jus.

Voyez dans les chants des *Kyrie, Gloria, etc.* les pièces notées sur la même clef.

2° *Exercice de la clef d'*ut *sur la troisième ligne.*

*Du* 5.

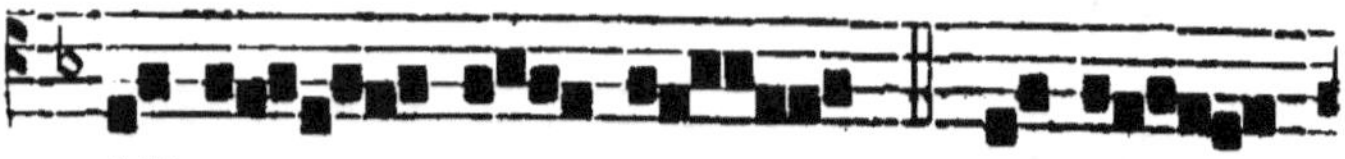

Alle- lu- ia, al-le-

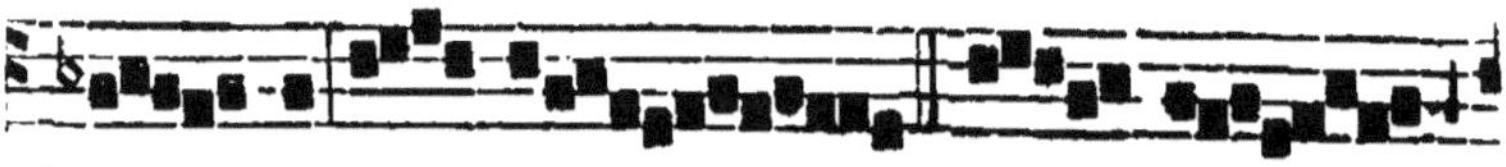

lu- ia. ℣. Ver- bum

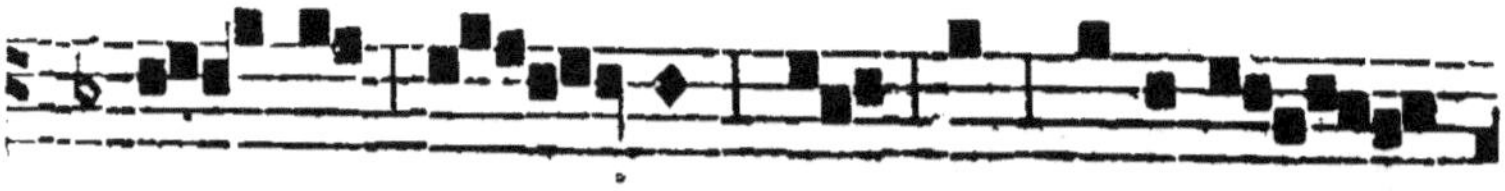

ca- ro fac- tum est, et habita-

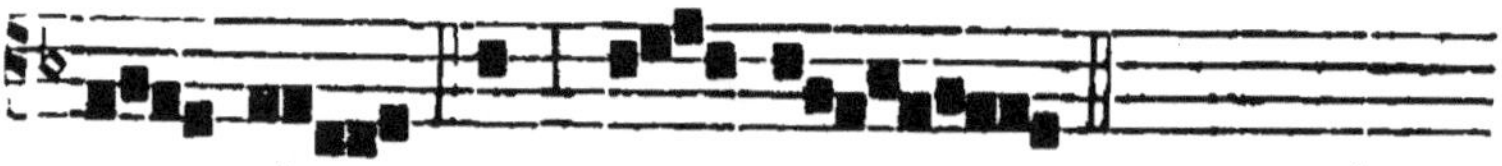

vit in no- bis.

*Du* 7.

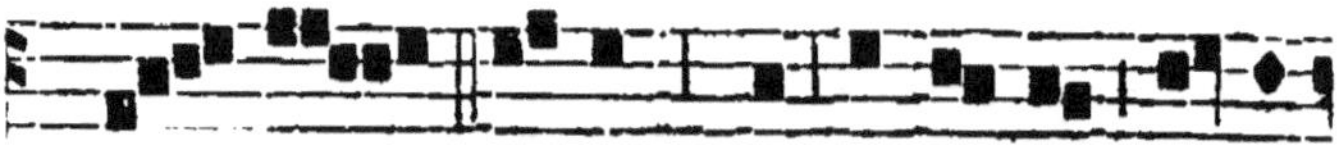

Chri- stus u-nam pro pecca- tis of-fe-

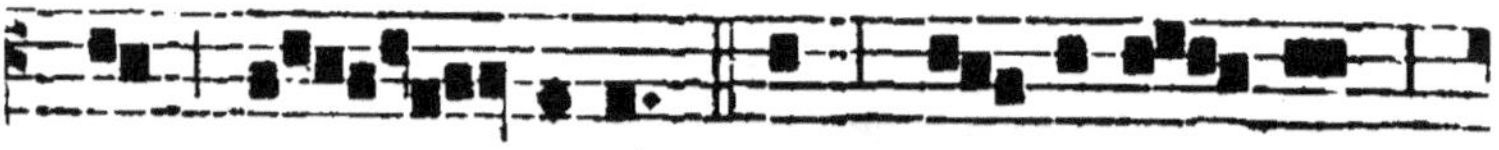

rens hos- ti- am, in sem-piter- num

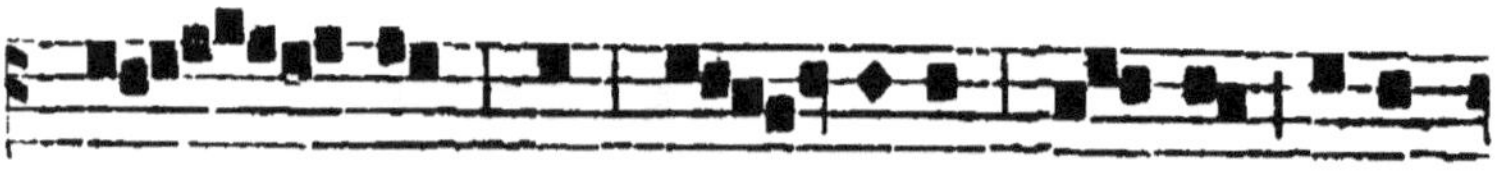

se- det in dex- tera De- i, alle-

Voyez dans les chants des *Kyrie*, *Gloria*, etc. les pièces notées sur la même clef.

### 3° *Exercice de la clef d'ut sur la deuxième ligne.*

### 4° *Exercice de la clef de* fa.

5° *Exercice pour se familiariser avec les changemens de clefs qu'on rencontre dans le cours des pièces de chant romain.*

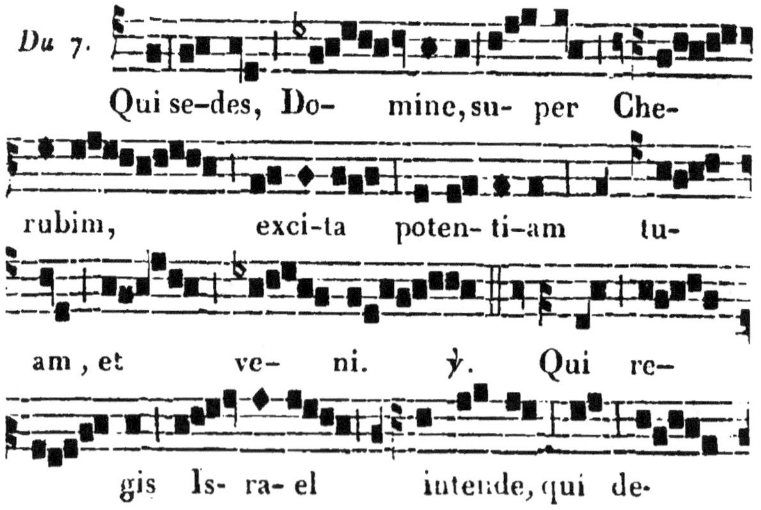

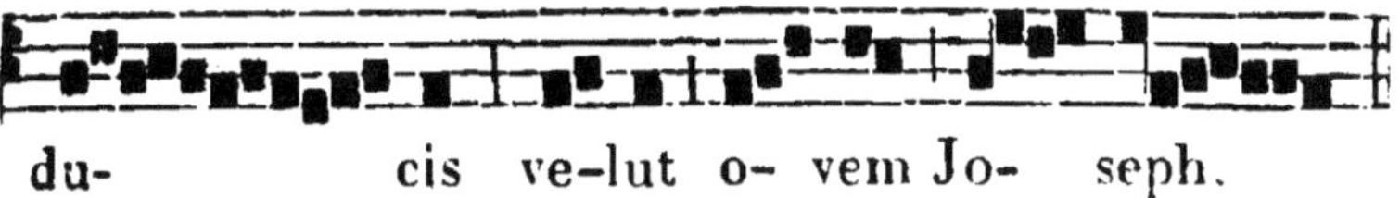


## 6° *Exercice pour le chant des Proses.*

### PROSE DE NOEL.

premit ca- ri-tas, sedibus delabe-ris : Ut surgat
infirmi-tas, Infirmus humi jaces. Quæ nocens
debu- e-ram, Innocens exeque-ris : Tu legi, quam
spre-veram, Legi-fer subjice-ris : Sic doces justi-
ti- am. Cœlum cu-i re- gi- a, Stabulum non re-
spu-is : Qui donas impe-ri- a , Servi formam in-
du- is : Sic teris superbi- am. Nobis ultrò si-mi-
lem Te præbes in omnibus, Debili- bus de-bi-
lem, Morta-lem mortali-bus : His trahis nos vincu-
lis. Cum ægris confunderis, Morbi labem nesci-

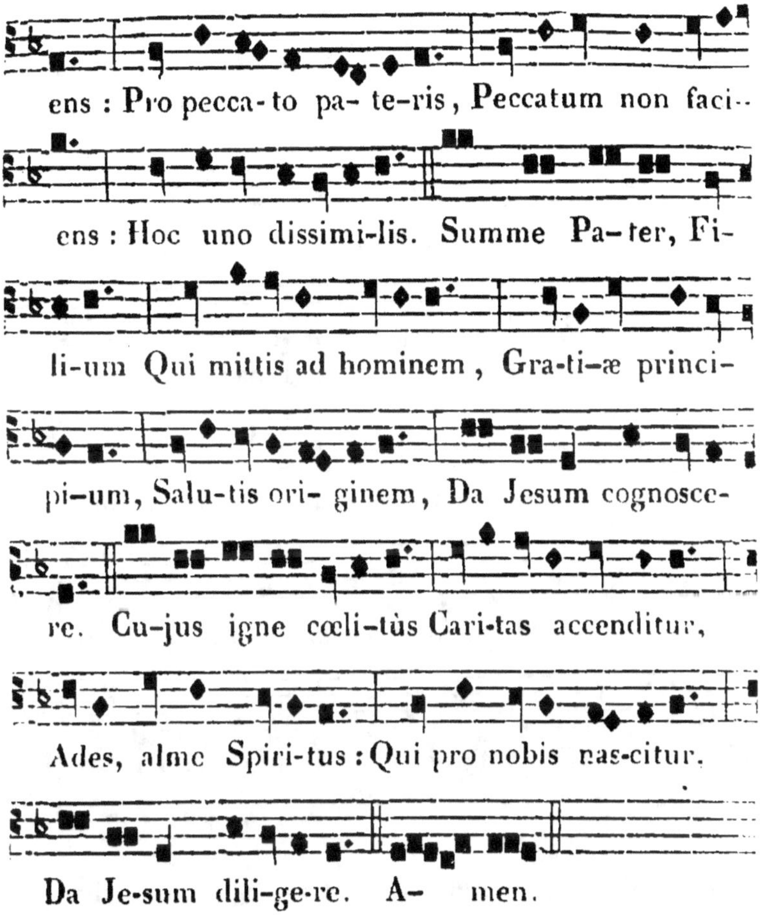
ens : Pro pecca-to pa- te-ris, Peccatum non faci-
ens : Hoc uno dissimi-lis. Summe Pa-ter, Fi-
li-um Qui mittis ad hominem, Gra-ti-æ princi-
pi-um, Salu-tis ori- ginem, Da Jesum cognosce-
re. Cu-jus igne cœli-tùs Cari-tas accenditur,
Ades, almc Spiri-tus : Qui pro nobis nas-citur.
Da Je-sum dili-ge-re. A- men.

### Prose de l'Epiphanie.

Du 1.
Ad Jesum accurri-te, Corda vestra subdi-
te Regi no-vo genti- um. Stella foris præ-di-

. . .

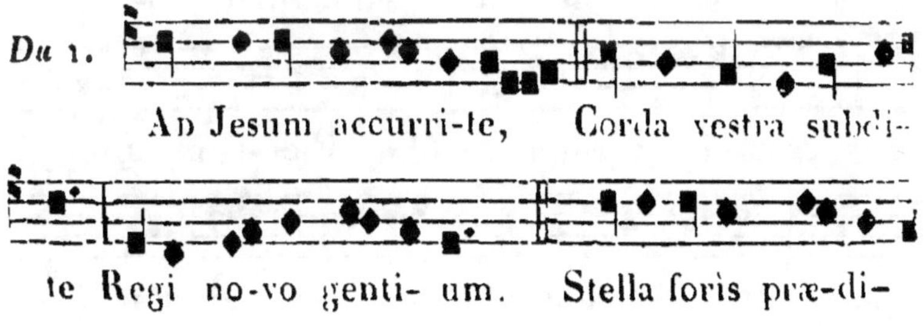

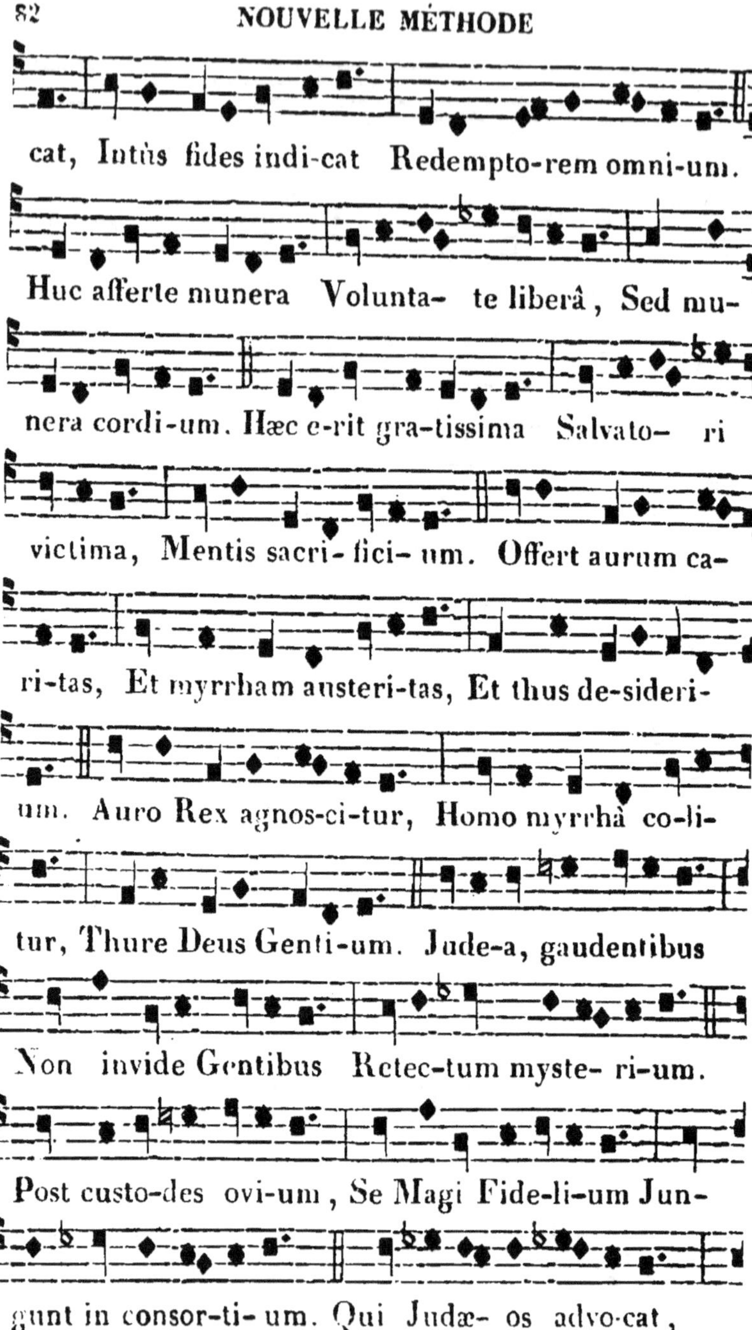

cat, Intùs fides indi-cat Redempto-rem omni-um.
Huc afferte munera Volunta- te liberâ, Sed munera cordi-um. Hæc e-rit gra-tissima Salvato- ri
victima, Mentis sacri- fici- um. Offert aurum cari-tas, Et myrrham austeri-tas, Et thus de-sideri-
um. Auro Rex agnos-ci-tur, Homo myrrhâ co-li-
tur, Thure Deus Genti-um. Jude-a, gaudentibus
Non invide Gentibus Retec-tum myste- ri-um.
Post custo-des ovi-um, Se Magi Fide-li-um Jun-
gunt in consor-ti- um. Qui Judæ- os advo-cat,

## Prose du saint jour de Paque.

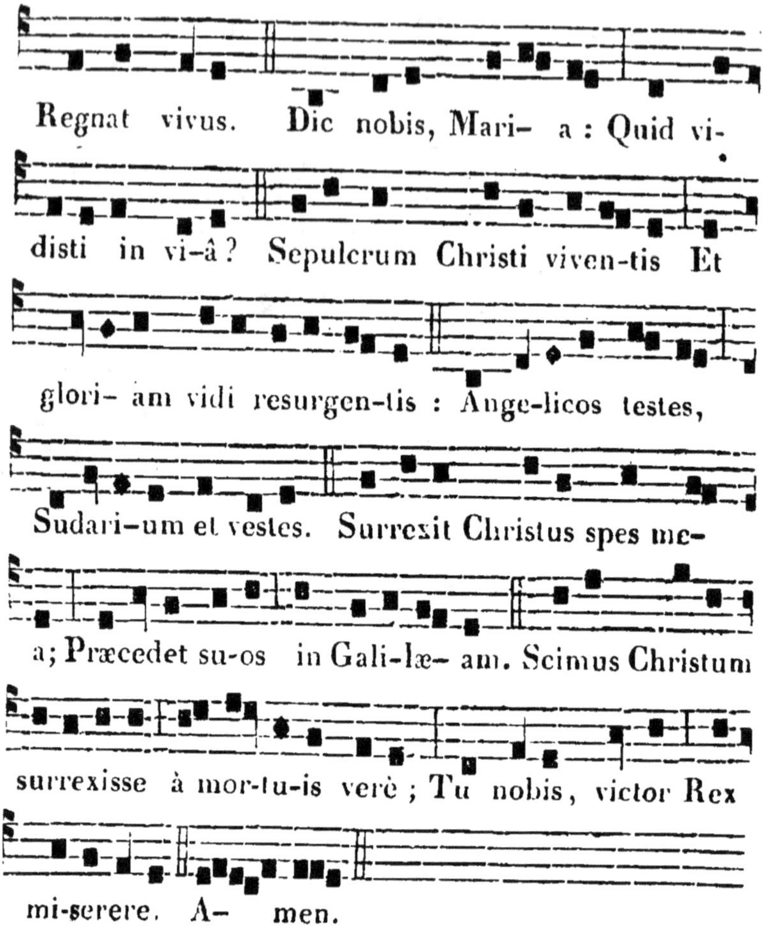

Regnat vivus. Dic nobis, Mari- a : Quid vi-
disti in vi-â ? Sepulcrum Christi viven-tis Et
glori- am vidi resurgen-tis : Ange-licos testes,
Sudari-um et vestes. Surrexit Christus spes me-
a; Præcedet su-os in Gali-læ- am. Scimus Christum
surrexisse à mor-tu-is verè ; Tu nobis, victor Rex
mi-serere. A- men.

PROSE DE L'ASCENSION.

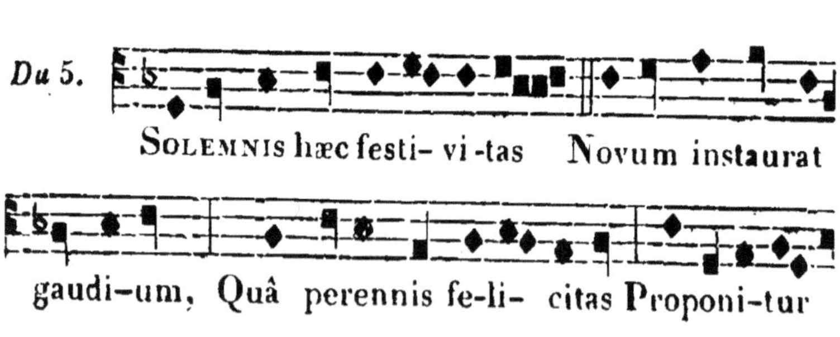

*Du* 5.

SOLEMNIS hæc festi- vi -tas Novum instaurat
gaudi-um, Quâ perennis fe-li- citas Proponi-tur

in præmi-um. Christus scandens in æthera Mortis

fregit potenti-am; Sedens Patris in dex-terâ Ju-

gem parat læti-ti-am. Di-es per multos sæpi-ùs

su-is vivus appa-ru-it; Et comitum cor duri-us

Mitis magister argu-it. Suos per Gentes imperat

Ferre salu-tis nunti- um, Sed non pri-ùs quàm

afferat De- i virtus auxili- um. Disci-pu-lis mi-

rantibus, Cœlo tri-umphans reddi-tur; Et subduc-

tus aspectibus, Nube clarâ suscipitur. Qui pene-

travit inferas Domos Redemptor pa-ci-fer, Se fert

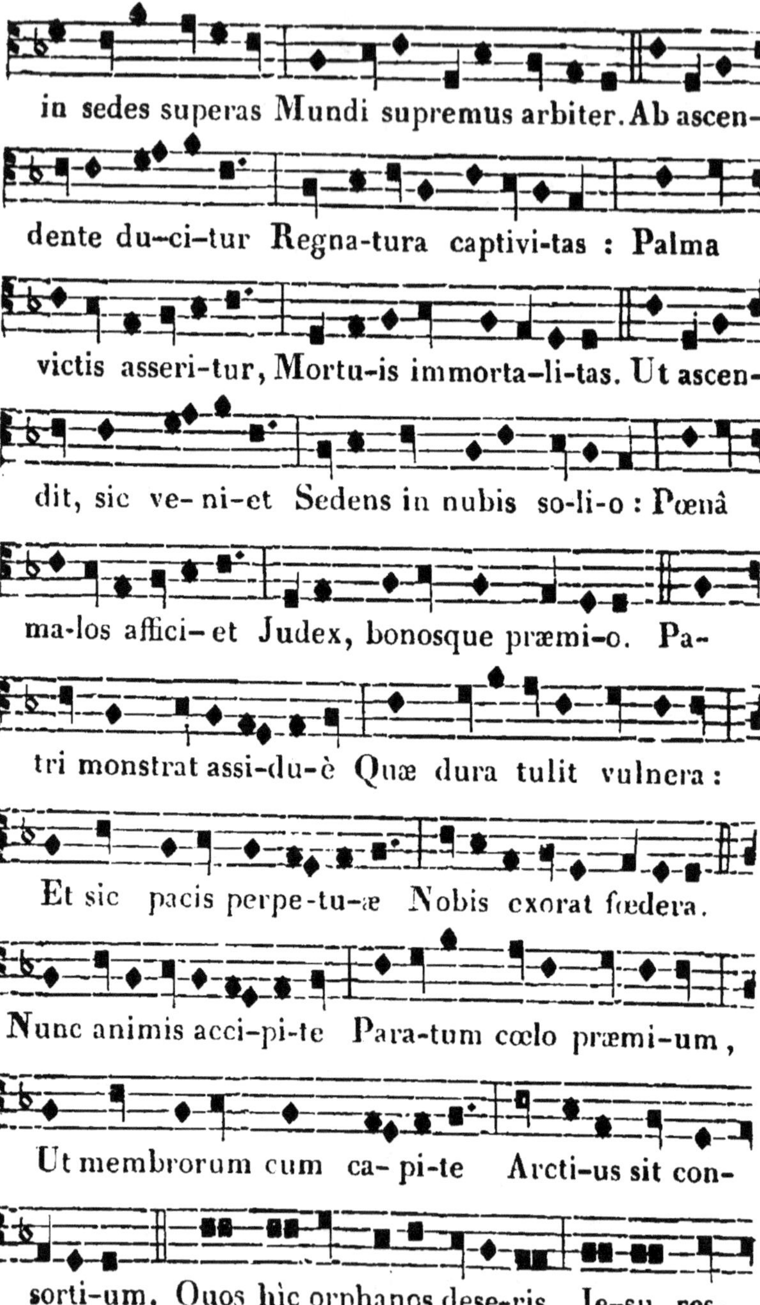
in sedes superas Mundi supremus arbiter. Ab ascen-
dente du--ci-tur Regna-tura captivi-tas : Palma
victis asseri-tur, Mortu-is immorta-li-tas. Ut ascendit, sic ve-ni-et Sedens in nubis so-li-o : Pœnâ
ma-los affici-et Judex, bonosque præmi-o. Patri monstrat assi-du-è Quæ dura tulit vulnera :
Et sic pacis perpe-tu-æ Nobis exorat fœdera.
Nunc animis acci-pi-te Para-tum cœlo præmi-um,
Ut membrorum cum ca-pi-te Arcti-us sit con-
sorti-um. Quos hìc orphanos dese-ris, Je-su res-

## PROSE DE LA PENTECÔTE.

qui-es, In æstu tempe-ri- es, In fle-tu sola- ti-
um. O LUX be- a-tis-sima, Reple cordis inti-
ma Tuo-rum fide- li-um. SINE tu-o numine
nihil est in homine, Nihil est inno- xi-um.
LAVA quod est sordidum, Riga quod est a-ridum,
Sana quod est sauci-um. FLECTE quod est ri-gi-
dum, Fove quod est fri-gidum, Rege quod est de-
vi-um. DA tu-is fide-libus In te con-fidentibus
Sacrum septena-ri-um. Da virtutis meri-tum, Da
salu-tis exi-tum, Da perenne gaudi-um.

A- men.

## PROSE DU SAINT SACREMENT.

Du 7.

LAUDA, Si-on, Salva-torem, Lauda ducem

et pasto-rem In hymnis et canticis. Quantum

potes, tantum aude; Quia major omni laude, Nec

laudare sufficis. Laudis thema speci-a-    lis Panis

vivus et vita-lis Hodi-è proponitur. Quem in sa-

cræ mensâ cœ- næ, Turbæ fratrum du-odenæ Da-

tum non ambigi-tur. Sit laus plena, sit so- nora,

Sit jucunda, sit decora Mentis jubi-la-ti-o. Di-es

e-nim solemnis agitur, In qua mensæ prima
reco-litur Hujus institu-ti-o. In hac mensâ no-
vi Regis, Novum Pascha novæ legis Phase vetus
terminat. Vetusta-tem no-vitas, Umbram fu-gat veritas, Noctem lux e-liminat. Quod in cœna Christus gessit, Faci-endum hoc expressit In su-î me-
mori-am. Docti sacris institu-tis, Panem vi-
num in salutis Consecramus hostiam. Dogma datur
Christi-anis, Quod in carnem transit panis, Et vi-
num in sanguinem. Quod non capis, quod non vi-

des, Animosa firmat fides, Præter rerum ordi-

nem. Sub diver-sis spe-ci-e-bus, Signis tantùm, et

non rebus, Latent res eximi-æ. Caro ci-bus, san-

guis po-tus : Manet tamen Christus totus Sub u-

tràque speci-e. A sumente non conci- sus, Non

confractus, non divi-sus, In-teger acci-pitur. Su-

mit unus, sumunt mil- le; Quantùm isti, tan-tùm

ille; Nec sumptus consumitur. Sumunt boni, su-

munt ma- li, Sorte tamen inæquali, Vi-tæ vel in-

teri-tus. Mors est malis, vita bo- nis. Vide paris

sumpti- onis, Quàm sit dispar exitus. Fracto demum
Sacramento, Ne vacilles, sed memento Tantùm
esse sub fragmento Quantùm toto tegi-tur. Nulla
re-i fit scissura ; Signi tantùm fit fractura, Quà nec
status, nec statura Signa-ti mi-nu-i-tur.    Ecce
Panis Angelo-rum, Factus cibus vi-a-torum :
Verè Panis fi- li-orum, Non mittendus canibus.
In figuris præsi-gna-tur, Cùm I-sa-ac immo-latur,
Agnus Paschæ depu-tatur, Datur manna Pa-tribus.
Bone Pastor, panis ve-re. Jesu, nostrî mi-se-re-

PROSE DE LA PRÉSENTATION DE N. S.

cominus : Nil in cœlis ampli-us. HABET De-um ho-
minem, Et parentem virgi-nem : Cœlo templum
diti-us. 5. SPIRANT sacra gaudi-um : Mane sa-
cri-fi- ci-um Plausus inter redditur. VESPERTI-
NUM fletibus Et ama-ris ques-tibus In cruce
miscebi-tur. 7. HÆC jam est oblati-o, Cujus omnes preti- o De-o restitu- imur. Jam non nobis de-
diti, Tibi, De-us, subdi-ti Vivimus et mori-
mur. 9. NUNC dimitte famulos : Nil tenet hìc ocu-los ;
Da te palàm cernere. Si jubes hìc vivere, Da

## PROSE DE L'ASSOMPTION DE LA SAINTE VIERGE.

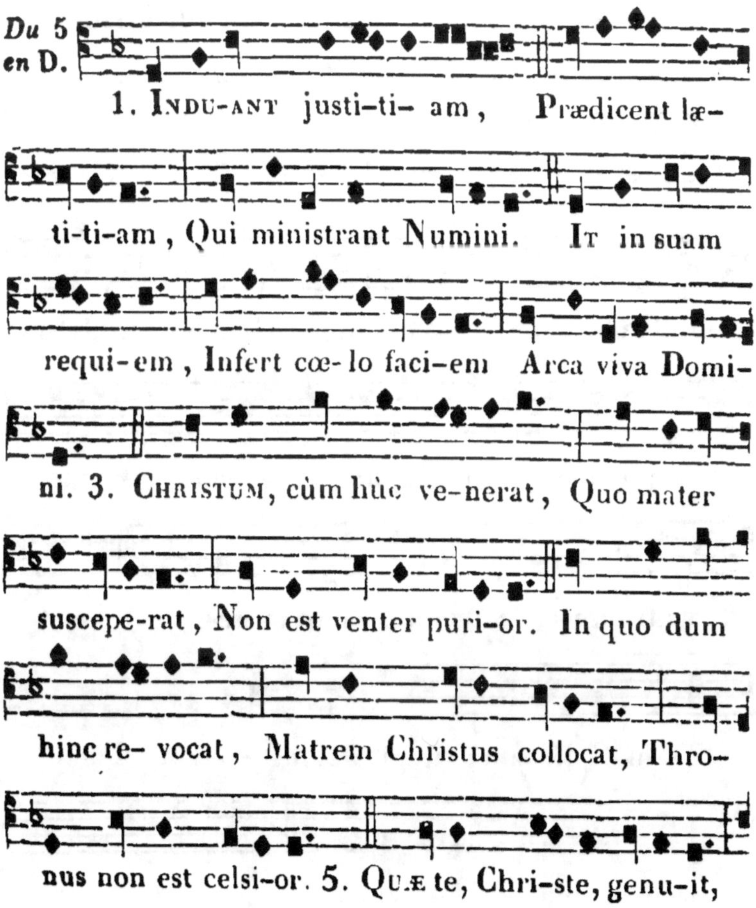

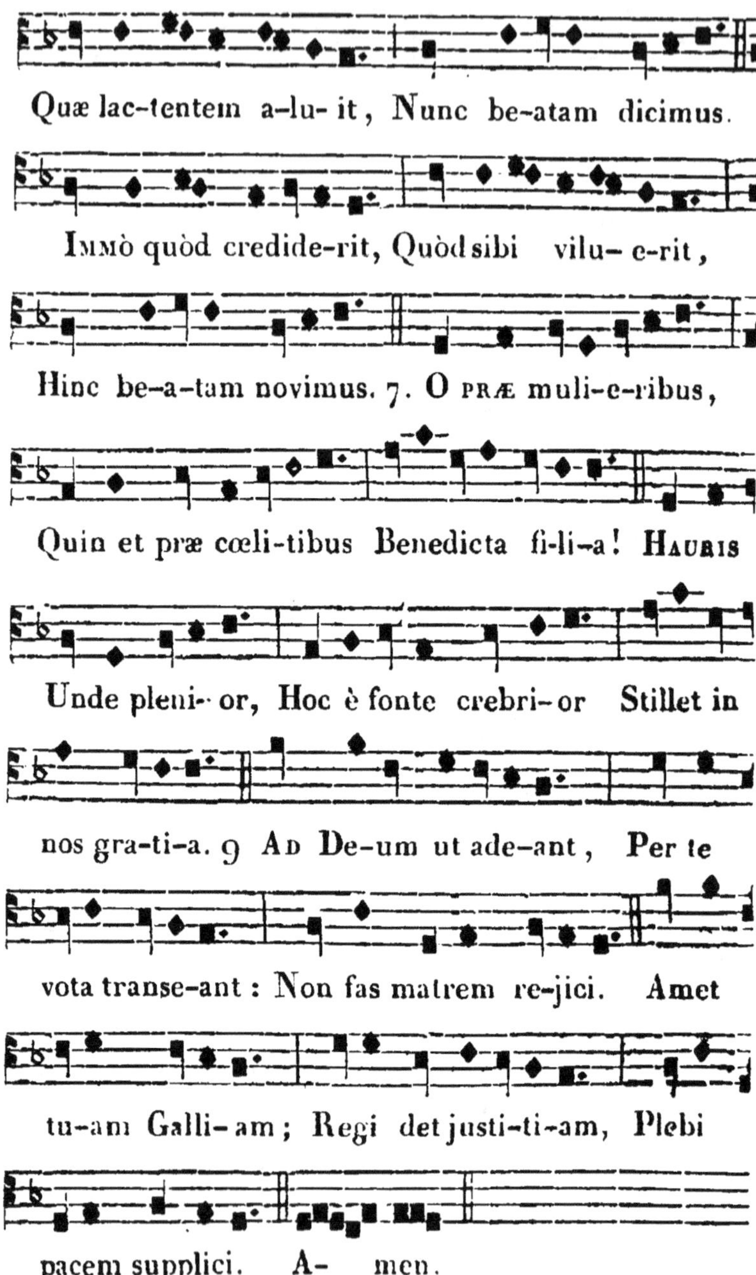

Quæ lac-tentem a-lu- it, Nunc be-atam dicimus.
Immò quòd credide-rit, Quòd sibi vilu- e-rit,
Hinc be-a-tam novimus. 7. O PRÆ muli-e-ribus,
Quin et præ cœli-tibus Benedicta fi-li-a! HAURIS
Unde pleni- or, Hoc è fonte crebri- or Stillet in
nos gra-ti-a. 9 AD De-um ut ade-ant, Per te
vota transe-ant : Non fas matrem re-jici. Amet
tu-am Galli-am; Regi det justi-ti-am, Plebi
pacem supplici. A- men.

## PROSE DE LA NATIVITÉ DE LA SAINTE VIERGE.

Tota plena grati- â, Tota sine maculâ. COELI

quód jam habi-tas, Pande nobis semitas Prece,

Virgo, sedu-lâ. 9. IRAM promeru-imus, Christe;

pacem petimus : Hanc da matris precibus. UT in

nobis mane–as, Corda nostra præbe-as Pura culpis

omnibus. A- men.

## PROSE DE S. PIERRE ET DE S. PAUL.

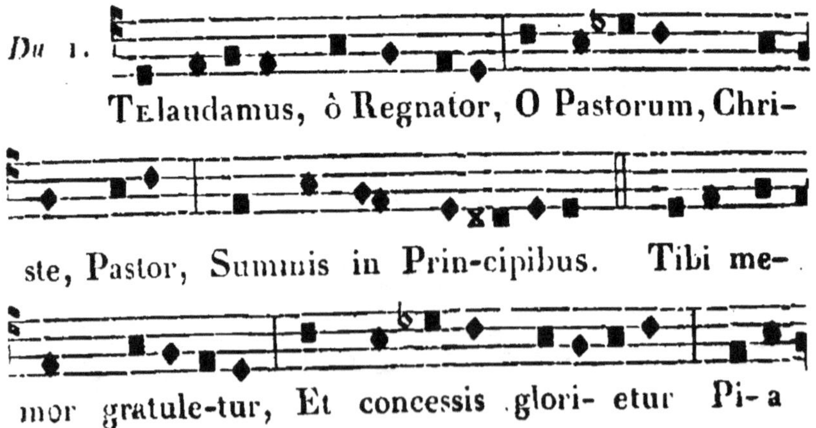

Du 1.

TE laudamus, ô Regnator, O Pastorum, Chri-

ste, Pastor, Summis in Prin-cipibus. Tibi me-

mor gratule-tur, Et concessis glori- etur Pi- a

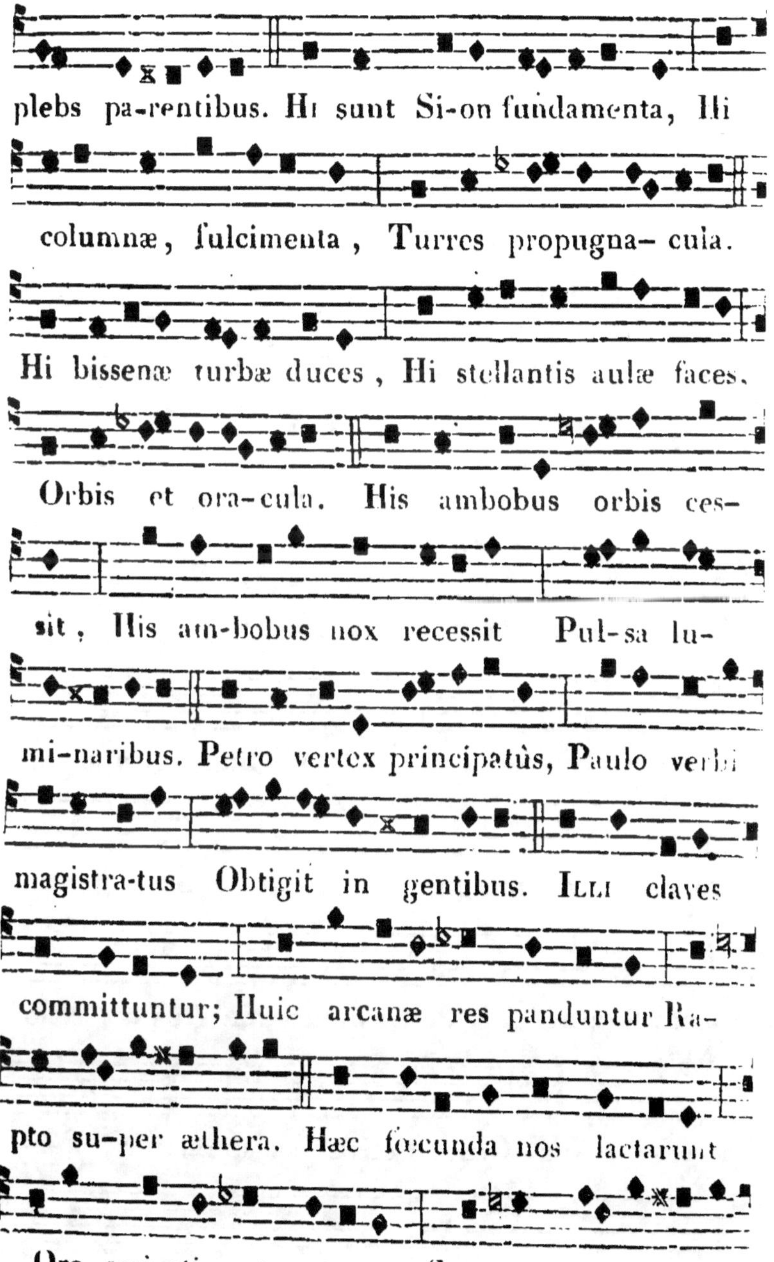

plebs pa-rentibus. Hi sunt Si-on fundamenta, Hi
columnæ, fulcimenta, Turres propugna- cula.
Hi bissenæ turbæ duces, Hi stellantis aulæ faces.
Orbis et ora-cula. His ambobus orbis ces-
sit, His am-bobus nox recessit Pul-sa lu-
mi-naribus. Petro vertex principatùs, Paulo verbi
magistra-tus Obtigit in gentibus. Illi claves
committuntur; Huic arcanæ res panduntur Ra-
pto su-per æthera. Hæc fœcunda nos lactarunt
Ore, scri-ptis, et potarunt Sponsæ ma-tris ube-

ra. ARCEM imperi- i Chri-sto subji-ci-unt, Et

sacerdo-ti- i Caput sta-bi- li-unt. Athletæ fer-

vidi Debellant numina ; Torrentes limpidi

Manant in flumina. NAVIS Petri non quas-satur,

Contra fluctus obfirmatur; Hac in arca grex sal-

vatur Integer credenti-um. Quin olympus re-

seratur, Vel indignis obse-ratur , Sors æterna

tempe-ratur Ad Petri judici-um. QUANTA cœlo

merces datur! Cruce Petrus consummatur, Fer-

ro Paulus obtruncatur : Sic se li- tant hosti-æ.

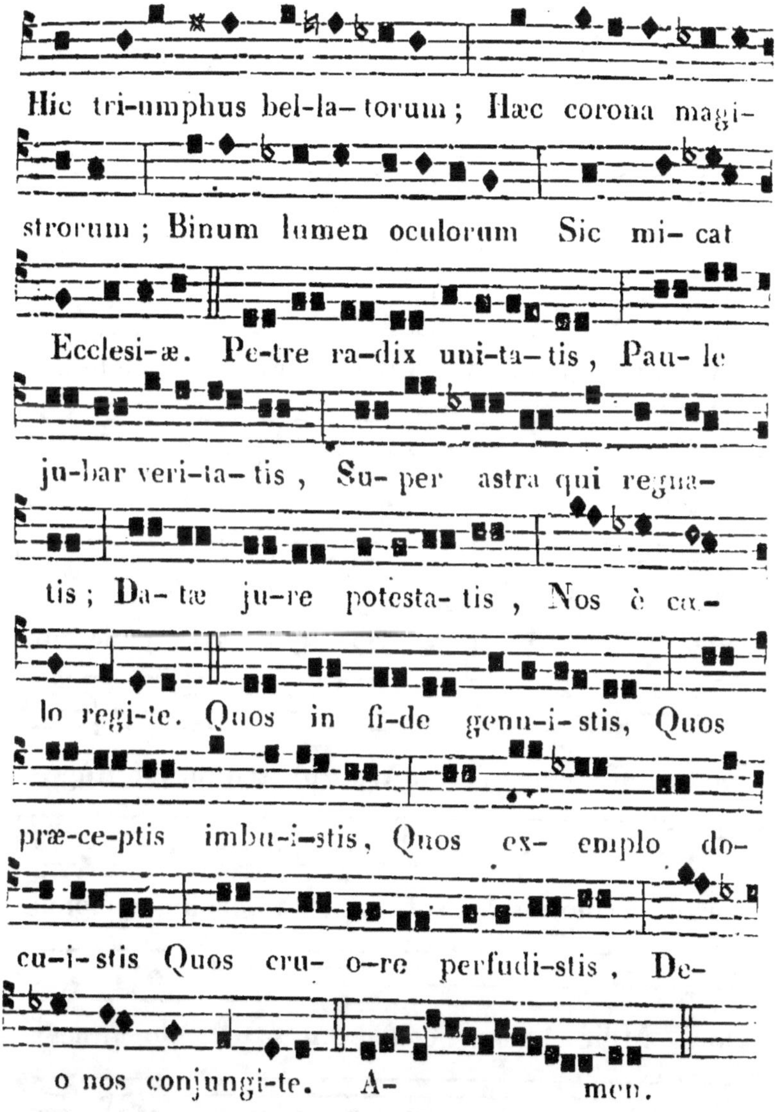
Hic tri-umphus bel-la-torum ; Hæc corona magi-
strorum ; Binum lumen oculorum Sic mi- cat
Ecclesi-æ. Pe-tre ra-dix uni-ta-tis , Pau- le
ju-bar veri-ta-tis , Su- per astra qui regna-
tis ; Da- tæ ju-re potesta- tis , Nos è cæ-
lo regi-te. Quos in fi-de genu-i-stis, Quos
præ-ce-ptis imbu-i-stis, Quos ex- emplo do-
cu-i-stis Quos cru- o-re perfudi-stis , De-
o nos conjungi-te. A- men.

## Prose de la Toussaint.

SPONSA Christi quæ per orbem Mili-

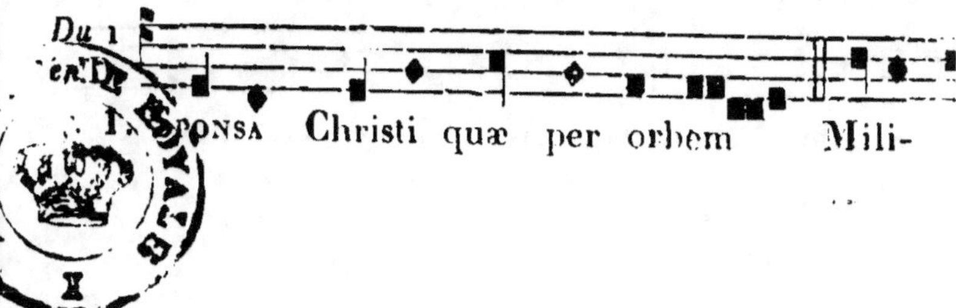

tas, Ecclesi-a, Prome cantus, et sacratos Dic
tri-umphos Cœ-litum. Hæc di-es cunctis dicata,
Mixta cœli gaudi-is, Læta currat, et solemni
Personet melo-di-â. 3. LAURE-ATUM ducit agmen
Juncta Mater Fi-li-o,. Sola quæ partu pudorem
Virgo nunquam perdidit. Mox sequuntur Angelorum Administri spi-ritus, Siderumque condi-
tori Mille laudes concinunt. 5. His Jo-annes
vate major. Preco Christi prævi-us, Patri-ar-
chæ cum Prophetis, Accinunt dulci melo.

Principes sacri senatûs, Orbis almi judices;
Sedibus celsis sublimes, Facta pendunt omni-um.
7. PRODIGI vitæ, cru-ore Purpura-ti Martyres,
Auspi-cati morte vi-tam, Pace gaudent perpti. Turba sacra Confitentùm, Cum Levitis
Præsules, Secu-li luxu rejec-to, Perfru-untur glori-à. 9. POMPA nupti-a-lis, Agno Conse-crata
Virgines, Li-li-is, rosisque Sponsum Æmulantur prosequi. Omnibus sors hæc be-ata,
Glori-am De-o dare, Et potentem confiteri,

Terque sanctum dicere. 11. COELI-TES, ô vos

be - a- ti, Quos De-us fe-li-citat, Supplicum vo-

tis ades-te, Et fave-te singu-li. Hausta fon-

te li- be-ra-li Dona terris fundite; Pace

nostris in di-e-bus Obti-nete perfru-i; 13. UT

De-o cum sancti-tate Servi-amus subdi-ti,

Glori-æ posthàc futuri, Quam tene- tis, compo-

tes. A- men.

## PROSE DE LA DÉDICACE.

*Du 8 et du 7.* 1. JERUSALEM et Si-on fi-li-æ, Cœtus

omnis fide-lis curi-æ, Melos pan-gant jugis

læti-ti-æ. Allelu-ia. Christus enim norma
justi-ti-æ, Matrem nostram desponsat hodi-è,
Quam de la- cu traxit mise-ri-æ, Eccle-si-am.
3. Hanc sanguinis et aquæ munere, Dùm pen-
deret in cru-cis arbore, De propri-o produxit
la- tere De-us homo. Formaretur ut sic Eccle-
si- a, Figuratur in primâ fœminâ, Quæ de
costis Adæ est e- di-ta, Mater Eva. 5. Eva
fu- it noverca pos-teris: Hæc est ma- ter elec-
ti ge-neris, Vitæ portus, a-sy-lum miseris,

Et tu- te- la. Hæc est cymba quâ tu-ti ve-hi-
mur, Hoc o- vi- le quo tecti condimur, Hæc
co-lumna quà firmi nitimur, Veri- ta- tis.
7. O SOLEMNIS festum læ-ti- ti- æ, Quo uni -tur
Chri-stus Ecclesi-æ, In quo nostræ salu-tis
nupti-æ Cele-brantur. Justis indè solvuntur præ-
mi-a, Lapsis autem do-natur veni-a, Et Sanctorum augentur gaudi-a Ange- lo- rum. 9. Ab
æterno fons sa-pi-en-ti-æ, Intu-itu so-li-us
grati-æ, Sic prævidit in rerum se-ri-e Hæc

7° *Exercice pour le chant des Hymnes.*

HYMNE DES COMPLIES.

*Chant nouveau pour les Solennels.*

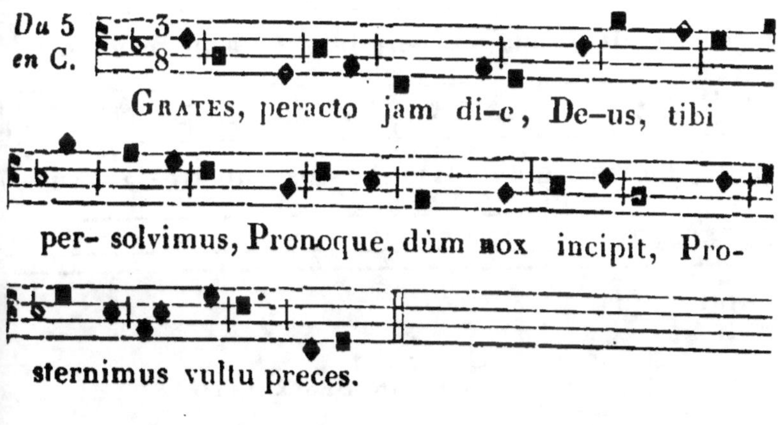


HYMNE DE LA FÊTE DU SAINT-SACREMENT.

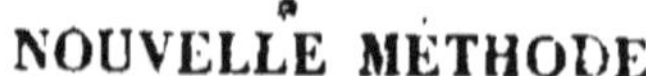

### Hymne de l'Assomption de la sainte Vierge.

*Du 2.*

### Hymne du Commun des Pontifes.

*Du 6.*

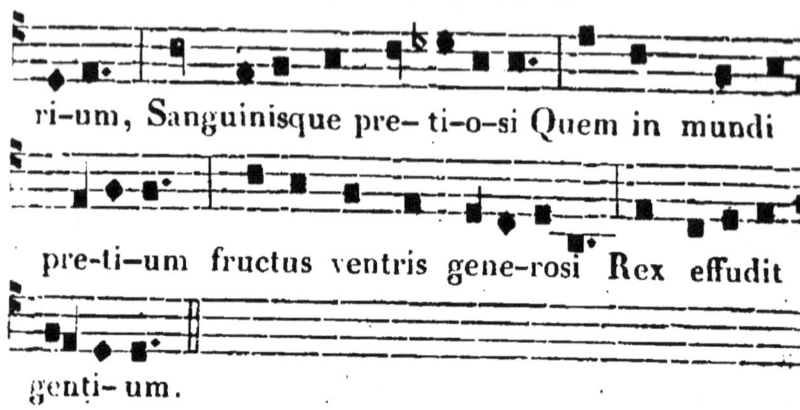

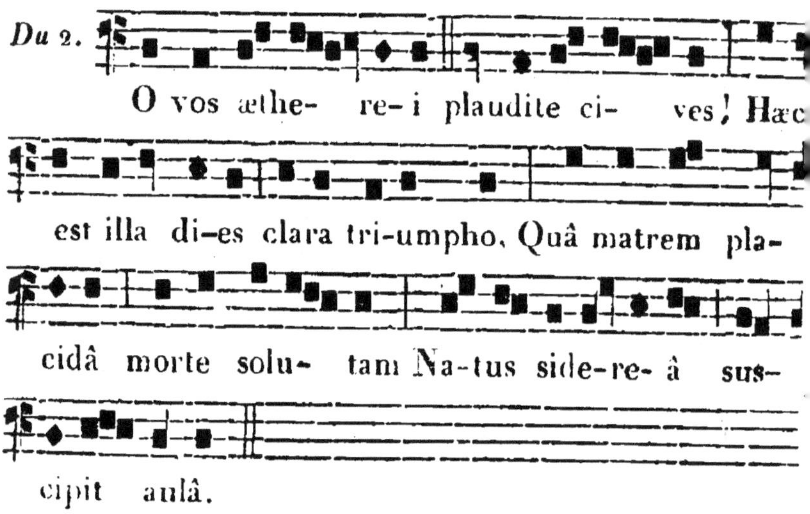

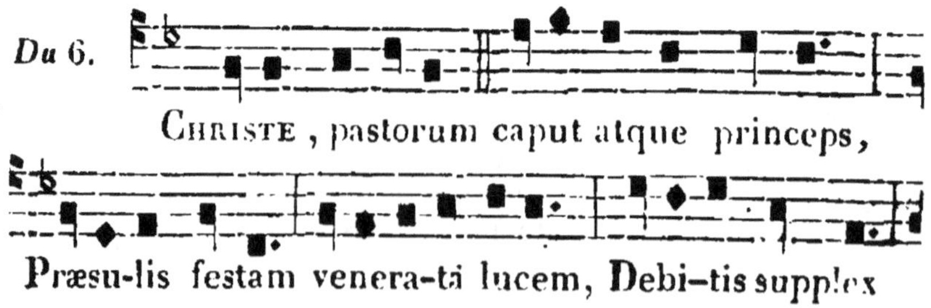

## HYMNE DE LA TOUSSAINT.

## HYMNE DE S. GERVAIS ET DE S. PROTAIS.

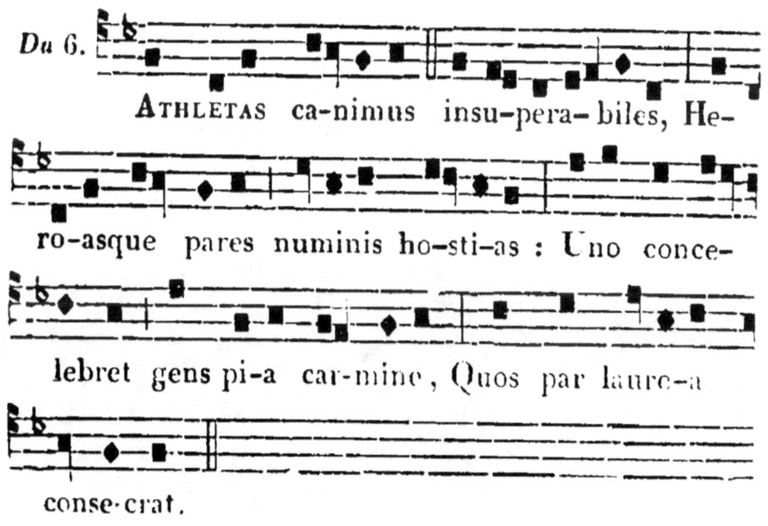

## Hymne de S. Latuin.

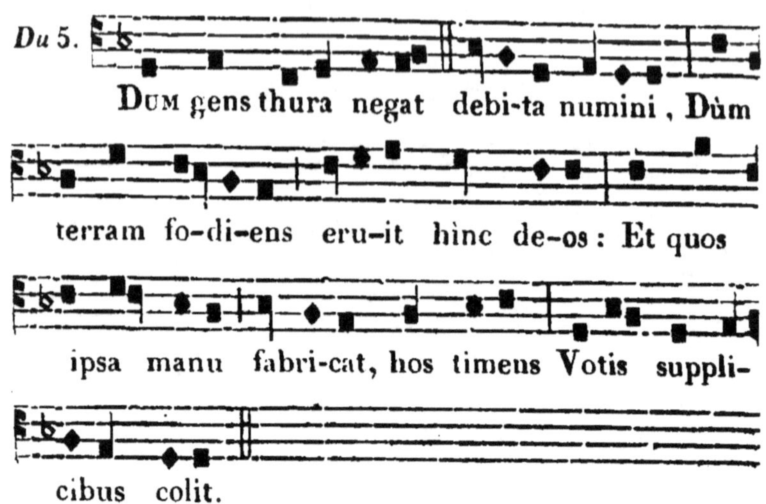



FIN DE LA MÉTHODE DE PLAIN-CHANT

# ÉLÉMENS COMPARÉS
## DE MUSIQUE
### ET
## DE PLAIN-CHANT MUSICAL.

Les principes que nous avons donnés dans la Méthode précédente sur le plain-chant en général, conviennent également à la musique et au plain-chant musical; c'est pourquoi nous n'ajouterons ici que ce qui leur est particulier.

La musique se note au moyen de cinq lignes parallèles et horizontales qui se comptent de bas en haut.

Exemple:

On emploie trois sortes de clefs; la clef de *sol*, la clef de *fa* 𝄢, et la clef d'*ut* 𝄡.

La clef de *sol* se place sur la 2ᵉ ligne, la clef de *fa* sur les 3ᵉ et 4ᵉ, et la clef d'*ut* sur les 1ʳᵉ, 2ᵉ, 3ᵉ et 4ᵉ lignes.

Exemple :

Il y a dans la musique sept signes ou notes, dont voici les noms et la forme : la *ronde* o , la *blanche* ♩, la *noire* ♩ , la *croche*, ♪, la *double croche* ♫, la *triple croche* ♫ et la *quadruple croche* ♫. Lorsqu'on écrit plusieurs croches de suite, au lieu de mettre un crochet à chaque note, on les joint ordinairement ensemble par une forte barre ♫. Il en est de même à l'égard des doubles, triples et quadruples croches. ♫, ♫, ♫.

La ronde vaut 2 blanches, ou 4 noires, ou 8 croches, ou 16 doubles croches, ou 32 triples croches, ou 64 quadruples croches. La blanche vaut 2 noires, la noire 2 croches, etc.

Exemple :

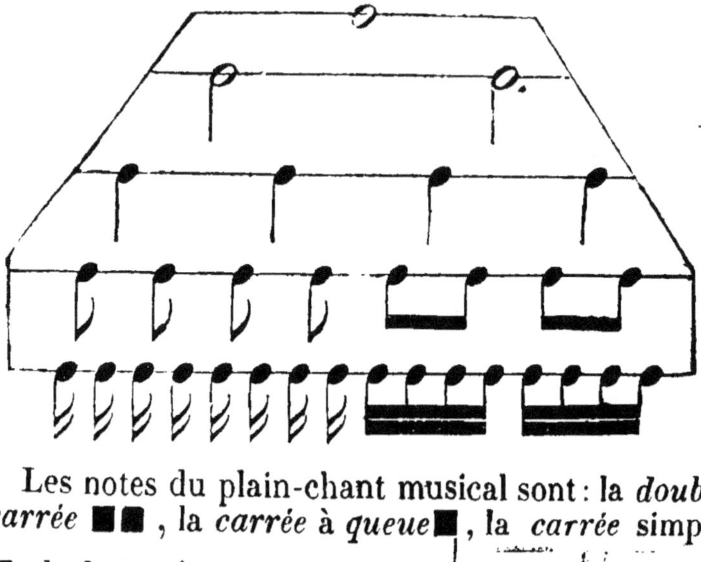

Les notes du plain-chant musical sont : la *double carrée* ■■ , la *carrée à queue* ■, la *carrée* simple ■ , la *brève* ◆, et la *demi-brève* ◣.

La double carrée vaut *deux* carrées à queue, ou *quatre* carrées simples, ou *huit* brèves, ou *seize* demi-brèves.

La carrée à queue vaut *deux* carrées simples, la carrée simple vaut *deux* brèves, etc.

**Exemple :**

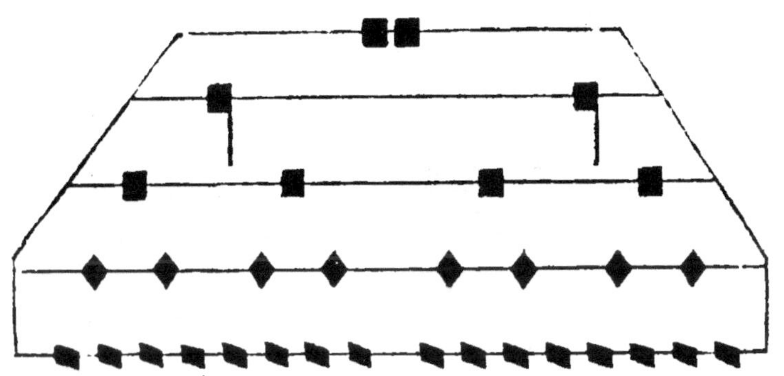

Les notes de la musique et du plain-chant musical sont en rapport de valeur de la manière suivante :

Gamme avec la clef de *Sol*.

## Gamme avec la clef de *Fa.*

Aux notes de la musique et du plain-chant musical correspondent divers caractères appelés *silences*, dont on se sert pour représenter dans les mesures la valeur des notes absentes. Ainsi, lorsqu'on veut rester sans chanter l'espace de temps que durerait une ronde, une blanche, etc., on emploie les signes équivalens à ces notes, et l'on reste sur ces signes aussi long-temps que l'on resterait sur les notes qu'elles représentent.

On appelle *pause* le silence qui remplace une mesure entière; *demi-pause* le silence d'une demi-mesure; *soupir* le silence d'une noire ou d'une carrée simple; *demi soupir* le silence d'une croche ou d'une brève, etc.

Exemple :

Le silence de deux mesures se marque par une barre perpendiculaire qui traverse l'espace compris entre la troisième et la quatrième ligne ; le silence de quatre mesures est une barre plus longue qui part de la seconde ligne et va aboutir à la quatrième. On appelle le premier *bâton de deux pauses*, et le second *bâton de quatre pauses*.

Exemple :

Silence de deux mesures.	Silence de quatre mesures.

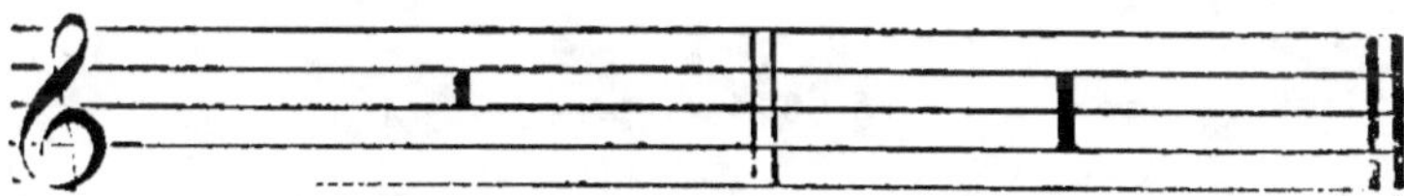

Un point · placé à la droite d'une note l'augmente de la moitié de sa valeur ; ainsi, une noire pointée vaut trois brèves ; lorsqu'il suit un second point, il ne vaut que la moitié du premier.

Exemple :

On appelle *mesure* toutes les notes comprises
entre deux traits perpendiculaires, que l'on nomme
*barres de mesures.*

Exemple :

Mesure.     Mesure.     Mesure.

Il y a trois mesures principales : la mesure à deux
temps, la mesure à trois temps, et la mesure à quatre
temps; chaque mesure est indiquée par un chiffre
placé au commencement de la pièce. Chaque temps
se bat ou se marque par autant de mouvemens
égaux de la main, dont voici la direction.

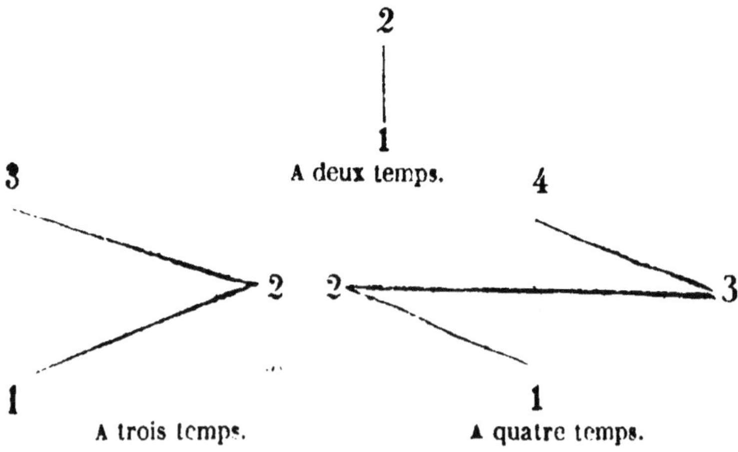

Pour la mesure à deux temps, marquée par un **2** ou par un ₵, on met entre deux barres une ronde, ou l'équivalent, qu'on divise en deux parties égales pour les battre par deux temps égaux.

Exemple :

La mesure à trois temps, marquée par le chiffre 5, se compose d'une blanche pointée ou de l'équivalent, qu'on divise en trois parties égales, qui se battent par trois temps égaux.

Exemple :

La mesure à quatre temps, marquée par la lettre C, est composée, comme la mesure à deux temps, d'une ronde ou de l'équivalent, qu'on divise en quatre parties égales pour les battre par quatre temps égaux.

6.

Exemple :

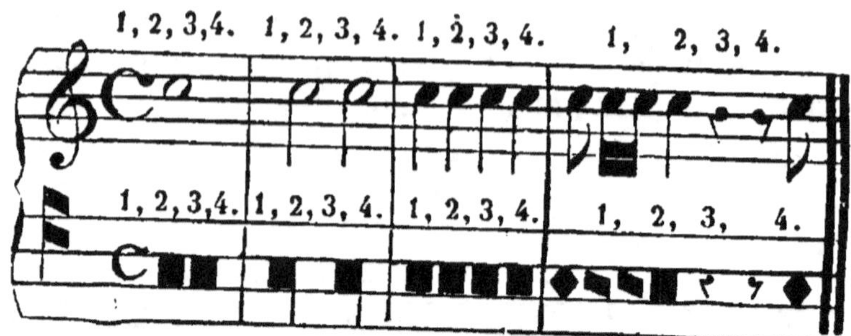


Les mesures composées, c'est-à-dire qui dérivent des précédentes, se forment, savoir :

La mesure à $\frac{2}{4}$, de deux noires, ou de l'équivalent.

La mesure à $\frac{3}{4}$, de trois noires       *idem.*

La mesure à $\frac{3}{8}$, de trois croches       *idem.*

La mesure à $\frac{6}{8}$, de six croches       *idem.*

Ces fractions de mesures se divisent, comme les mesures principales, les unes en deux temps, les autres en trois temps, et se battent de même.

Exemple :



Les temps qui composent une mesure quelconque n'ont par eux-mêmes aucune valeur absolue, mais ils sont proportionnés au mouvement plus ou moins lent de cette mesure; ainsi, dans la mesure à deux temps, par exemple, il suffit que chaque temps forme la moitié de la mesure; dans celle à trois temps que chacun de ces temps en forme le tiers, etc. Mais pour indiquer la durée générale de tous ces temps, on emploie certains termes *italiens*, que l'on place à la tête des morceaux. *Largo andante, allegro*, tels sont les mots qui règlent les mouvemens de toute une pièce, sans quoi l'on serait exposé à dire lentement ce qui doit être dit avec légèreté et réciproquement. Il importe donc de se mettre au courant de tous ces différens degrés de mouvemens qui s'indiquent comme il suit :

| | |
|---|---|
| *Grave.* | gravement; c'est le plus lent de tous les mouvemens. |
| *Adagio,* | posément; moins lent que *grave*. |
| *Largo,* | longuement; moins lent qu'*adagio*. |
| *Larghetto,* | un peu moins lent que *largo*. |
| *Andante,* | allant, mouvement tempéré. |
| *Andantino,* | un peu plus animé qu'*andante*. |
| *Allegro,* | gaîment, mouvement vif et animé. |
| *Allegretto,* | un peu plus modéré qu'*allegro*. |
| *Presto,* | vite, plus vif qu'*allegro*. |
| *Prestissimo,* | très vite; c'est le plus vif de tous les mouvemens. |

Outre ces degrés de mouvemens, qui sont les plus connus, il en est d'autres qui indiquent de plus une expression particulière.

| | |
|---|---|
| *Amoroso,* | tendrement. |
| *Dolce,* | doux. |
| *Grazioso,* | gracieusement, |
| *Piano* ou *P*, | doux sans mollesse. |
| *Pianissimo,* ou *PP*, | très doux. |

*Con expressione,* avec expression.
*Sostenuto,*          soutenu.
*Maestoso,*           majestueusement.
*Tempo di marcia,* mouvement martial.
*Vivace,*             gai et animé.
*Forte* ou *F,*       fort.
*Fortissimo,*
   ou *FF,*           très fort.
*Rinforzando,*        en renforçant le son.
*Smorzando,*          en laissant mourir la voix.

Il n'y a que deux tons ou modes en musique : le *mode majeur,* qui se termine par la tierce majeure *mi, ré, ut* ; et le *mode mineur,* qui se termine par la tierce mineure directe *ut, si, la.*

Ces deux modes sont naturels ou transposés : naturels, quand ils ont pour tonique ou finale *ut, la ;* transposés, quand ils ont des toniques différentes.

Pour établir un mode semblable sur des toniques différentes, on emploie le dièse ou le bémol devant les notes que l'on veut hausser ou baisser, afin que les deux demi-tons de l'octave se trouvent toujours à la distance convenable. Par exemple, si l'on veut transposer l'octave d'*ut* en *sol,* en conservant à l'octave de cette nouvelle note finale le même ordre de tons et de demi-tons que dans l'octave d'*ut,* il faudra mettre un dièse sur le *fa,* et l'octave de *sol* sera parfaitement semblable à l'octave d'*ut ;* si l'on transpose l'octave d'*ut* en *fa,* on mettra un bémol sur le *si,* et l'octave de *fa* se trouvera tout-à-fait la même que l'octave d'*ut.*

Exemple :

Pour transposer, soit par dièses, soit par bémols, l'octave naturelle d'*ut* en chacune des notes de cette octave, voici l'ordre qu'il faut observer. Les transpositions par dièses se font de quarte en quarte en descendant : le premier se place sur le *fa*, le second sur l'*ut*, etc. ; les transpositions par bémols se font de quarte en quarte en montant : le premier se place sur le *si;* le second sur le *mi*, etc.

**Exemple :**

Il faut pour la transposition par dièses de la gamme d'*ut naturel :*

en *sol,* un dièse ;
en *ré,* deux dièses ;
en *la,* trois dièses ;
en *mi,* quatre dièses;
en *si,* cinq dièses ;
en *fa* ♯, six dièses ;
en *ut* ♯, sept dièses.

(1) On peut, en solfiant, faire disparaître tous les accidents qui se trouvent à la clef, en faisant un *si* de la note affectée par le dernier dièse, et un *fa* de celle affectée par le dernier bémol.

Il faut pour la transposition de la même gamme par bémols :

en *fa*, un bémol;
en *si* ♭, deux bémols;
en *mi* ♭, trois bémols;
en *la* ♭, quatre bémols;
en *ré* ♭, cinq bémols;
en *sol* ♭, six bémols;
en *ut* ♭ sept bémols.

La gamme d'*ut naturel*, ainsi que toutes les autres gammes qui lui ressemblent, sont des *gammes majeures*, parce que leur première tierce est majeure.

Chaque gamme majeure a une *gamme mineure* qui lui est *relative* [1]; elle commence à la tierce mineure au-dessous de la tonique de la gamme majeure *corrélative*. Par exemple, si l'on veut trouver la gamme mineure relative de la gamme naturelle d'*ut* majeur, on descend *ut, si, la :* de l'*ut* au *la* il y a une tierce mineure; par conséquent, la gamme naturelle de *la* est mineure et relative de la gamme naturelle d'*ut* majeur.

La gamme mineure ne diffère pas seulement de la gamme majeure par la position de ses tons et demi-tons, elle est encore irrégulière dans sa composition ; il est à observer qu'elle n'est pas la même en descendant qu'en montant.

Par exemple, dans la gamme de *la* mineur, en montant, le *fa* et le *sol* sont diésés et le second demi-ton se trouve de la septième à l'octave, tandis qu'en descendant ces notes sont naturelles, et le second demi-ton est placé du cinquième au sixième degré.

_____

(1) Un ton est dit relatif d'un autre ton lorsqu'il est décoré à la clef du même nombre de dièses ou de bémols.

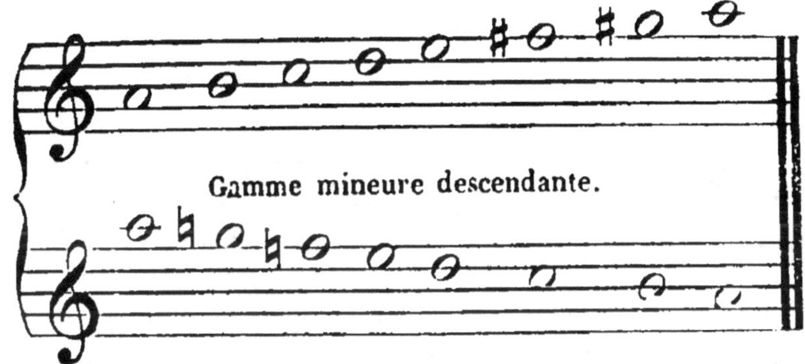



Pour changer un mode majeur en mineur, il faut ajouter trois bémols à la clef ou supprimer trois dièses. On ajoute trois bémols lorsqu'il n'y a pas de dièses à la clef, on supprime trois dièses lorsqu'il y en a au moins trois; s'il n'y avait qu'un ou deux dièses à la clef, on les retrancherait et on ajouterait deux ou un bémol; et réciproquement pour le changement du mode mineur en majeur.

Exemple :

On emploie souvent dans la musique et le plain-chant musical un certain tremblement appelé *cadence* ou *trille;* il se marque au-dessus des notes qu'il affecte par une petite croix +, ou par ces deux lettres *tr*. Le trille consiste à faire entendre le son de la note sur laquelle il est marqué, alternativement avec celui de la note au-dessus, pendant une durée parfaitement égale à la note sur laquelle il se fait.

Exemple :

. Le *port-de-voix* ou *notes d'agrément* sont de petites notes qui s'inscrivent la queue en haut, et que l'on emploie pour faire ressortir quelque passage trop simple et rendre la mélodie plus agréable. Elles ne se nomment point en solfiant ; on les fait seulement sentir ou entendre, en nommant la note qui les précède ou les suit, selon que l'expression le demande. Plusieurs réunies ensemble forment cet agrément vulgairement appelé *groupe*.

Exemple :

Les *demi-cercles* ⌢ qu'on appelle *liaisons*, et que l'on trouve placés sur certaines notes sur lesquelles il n'y a point de syllabes, indiquent de couler ou lier ensemble les notes qui en sont affectées.

Le *point d'orgue* se marque par un demi-cercle avec un point au-dessous, il indique un repos plus ou moins long.

Exemple :

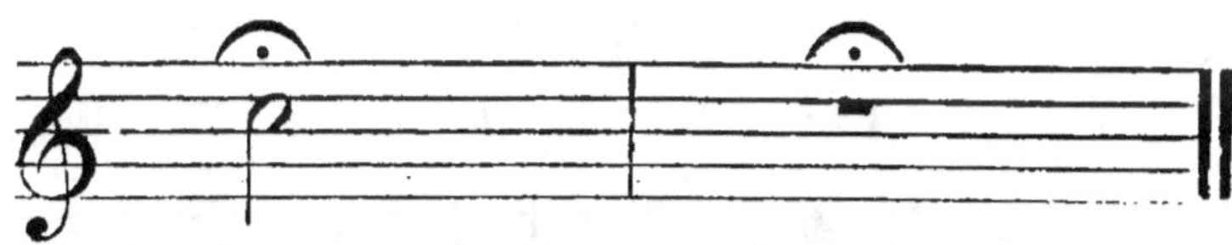

Les *reprises* sont marquées par deux points qui se placent contre deux grandes barres; le *renvoi* est une espèce de croix-placée au commencement et à la fin d'une pièce; il indique de recommencer jusqu'au mot *fin*.

Exemple :

# EXEMPLES ET EXERCICES.

En *Ut* majeur.

*Tempo di marcia.*

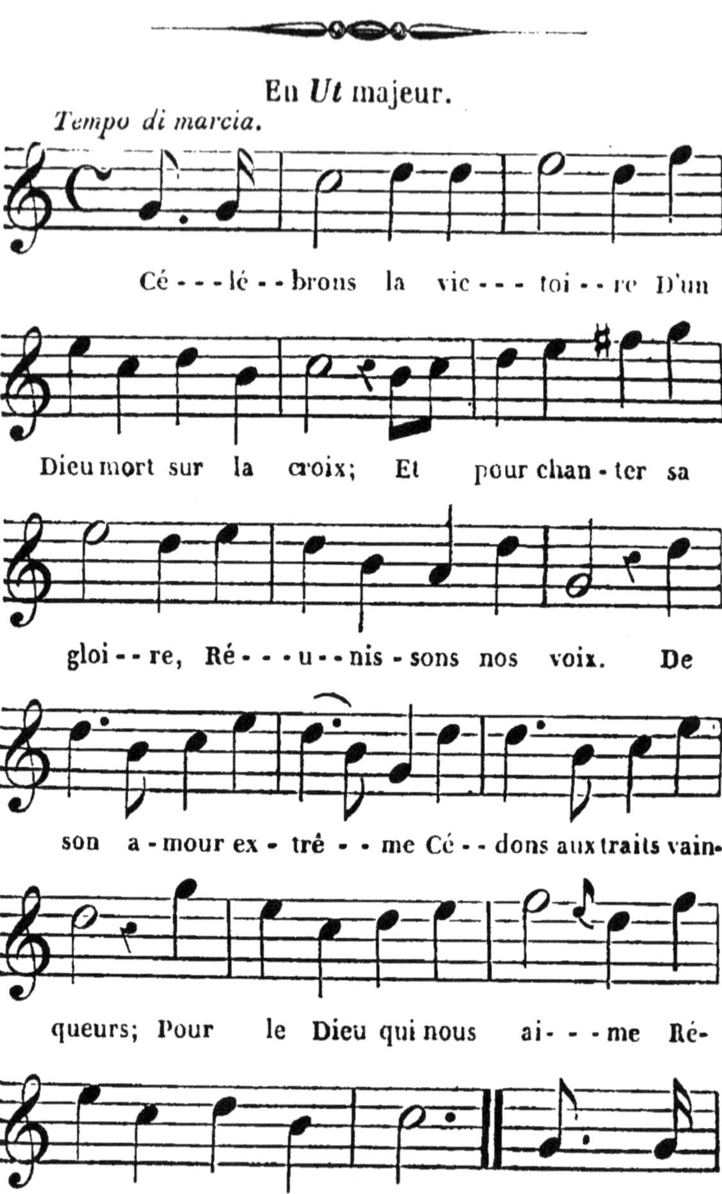

En *Sol* majeur.

*Grazioso.*

## En *Fa* majeur.

*Tempo di marcia.*

Mon cœur, qui te ré - - - cla - me, Ab -
ju - re ses er - - reurs, Et dé - sire, es - prit de
flam - - - me, Brû - ler de tes sain - tes ar -
deurs.

## En *Ut* majeur.

Cantabile.
Ve - - nez, Jé - - sus, ve - nez, ô mon Sau -
veur! Ve - nez, ve - nez, ô le Dieu de mon
cœur! Aux pieds de vos au - - tels un doux

es - poir m'at - - ti - - re. Vous me l'a - vez pro -

mis, le bien que je dé - - si - re; Ve - nez, Jé -

sus, ve - nez, ô mon Sau - veur! Ve - - nez, ve -

nez, c'est le vœu de mon cœur.

## En *Fa* mineur.

Larghetto.
A la mort, à la
mort, pé - cheur, tout fi - ni - - - ra.

Le Sei - -gneur à la mort te
fin.
ju - ge - - ra. Il faut mou - - rir,
il faut mou - rir; De ce monde il nous
faut sor - tir; Le 'riste ar - rêt en est por -
té, Il faut qu'il soit e - -xé - -cu - -té.

# AVANT LE CATÉCHISME.

### En *Fa* majeur.

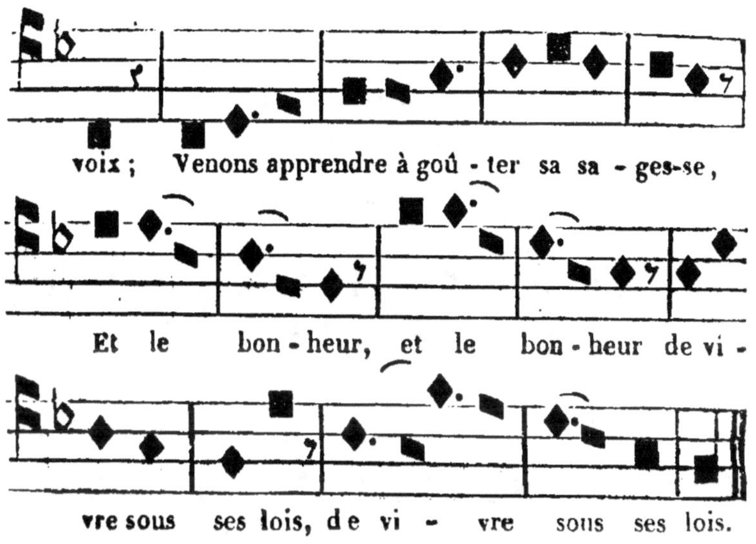


# APRÈS LE CATÉCHISME.

## 1

Bénissons tous le Dieu qui nous éclaire,
A le servir consacrons tous nos ans,
Craignons sur nous d'attirer sa colère
Si nous violons sa loi et nos sermens. (*bis.*)

## 2

Oui, servons Dieu, bravons l'indifférence
Qu'ont les mondains pour la loi du Seigneur ;
Le ciel nous est promis pour récompense,
Là nous jouirons (*Bis.*) d'un éternel bonheur. (*bis.*)

# CANTIQUE A TROIS VOIX
## DÉDIÉ A Mᵍʳ L'ÉVÊQUE DE SÉEZ
### PAR M. TH. DENISET.

En *mi* ♭.

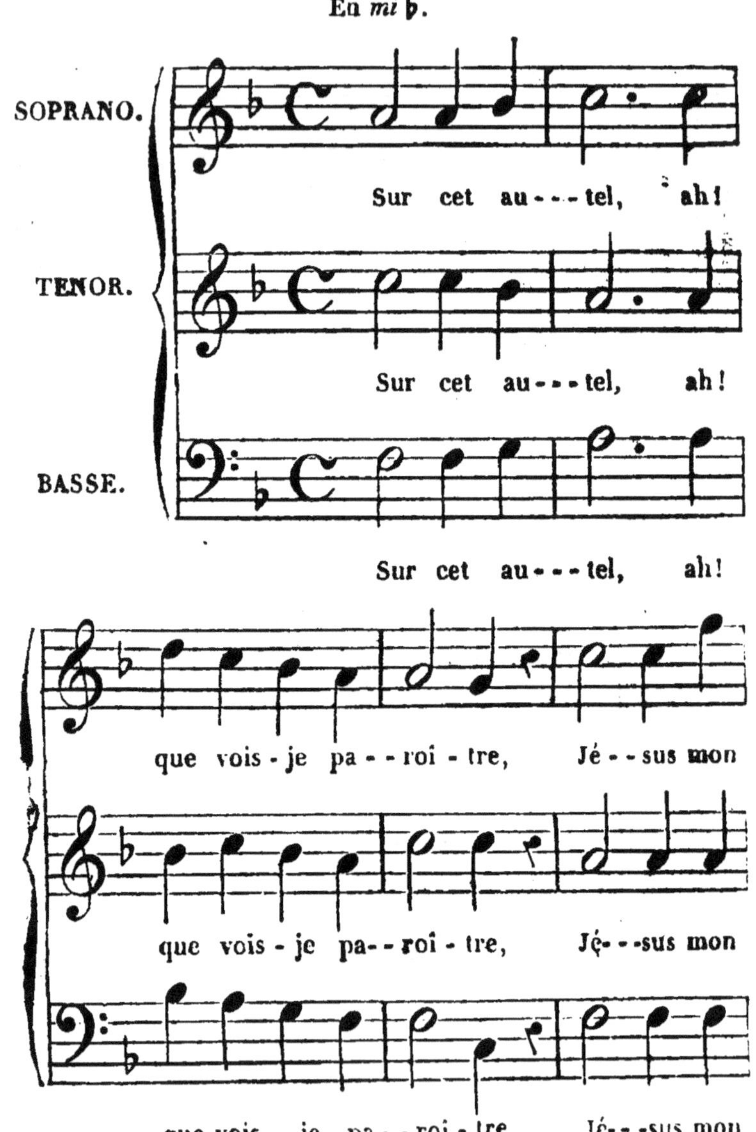

roi, mon di - vin mai - tre! Sur cet au-
roi mon di - vin mai - tre! Sur cet au-
roi, mon di - vin mai - tre! Sur cet au-

tel, sain-te vic - - ti - - - me, Vous ex - pi-
tel, sain-te vic - -ti - - - me, Vous ex - pi-
tel, sain-te vic - - ti - - - me, Vous ex - pi-

FIN.

Musique par les procédés E. DUVERGER.

# RECUEIL

## DE DIFFÉRENTES PIECES DE CHANT,

DONT PLUSIEURS DE NOUVELLE COMPOSITION.

# RECUEIL

DE

## DIFFÉRENTES PIÈCES DE CHANT,

DONT PLUSIEURS DE NOUVELLE COMPOSITION.

## MORCEAUX DIVERS.

### VENI CREATOR.

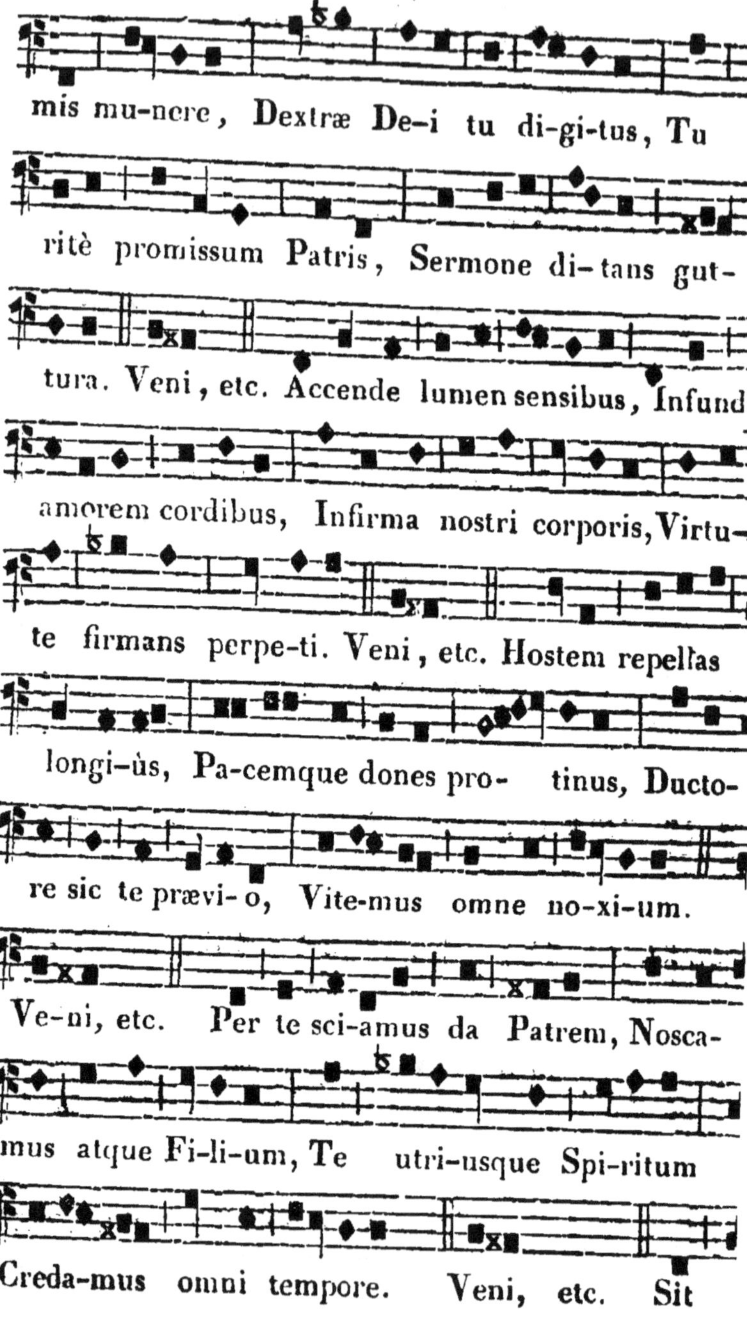
mis mu-ne-re, Dextræ De-i tu di-gi-tus, Tu
ritè promissum Patris, Sermone di-tans gut-
tura. Veni, etc. Accende lumen sensibus, Infunde
amorem cordibus, Infirma nostri corporis, Virtu-
te firmans perpe-ti. Veni, etc. Hostem repellas
longi-ùs, Pa-cemque dones pro-  tinus, Ducto-
re sic te prævi-o, Vite-mus omne no-xi-um.
Ve-ni, etc. Per te sci-amus da Patrem, Nosca-
mus atque Fi-li-um, Te utri-usque Spi-ritum
Creda-mus omni tempore. Veni, etc. Sit

## PRIÈRE

*Qui se chante aux Quarante-Heures, pendant le Jubilé et dans les temps de calamité.*

### 2ᵉ TON.

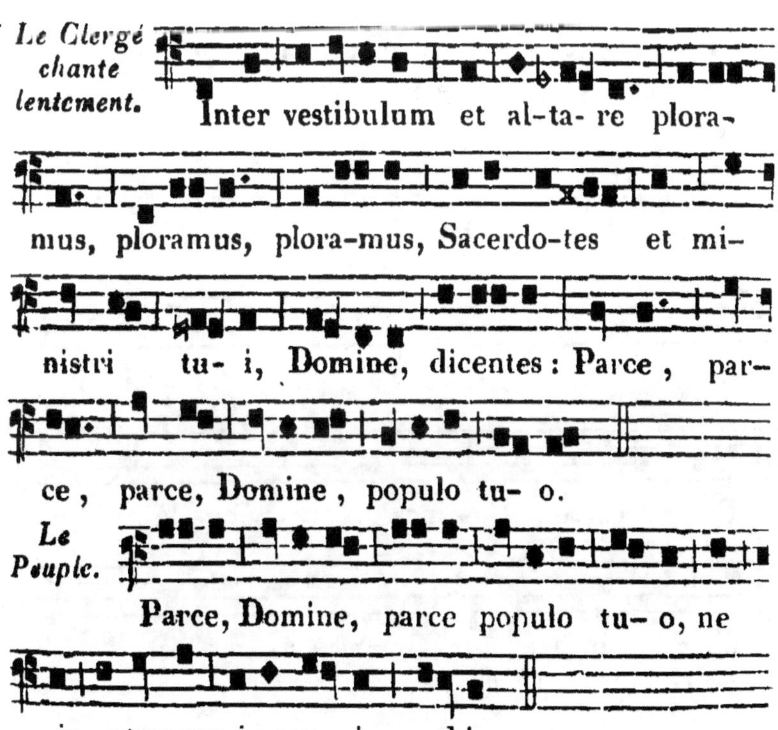

Les Chantres.

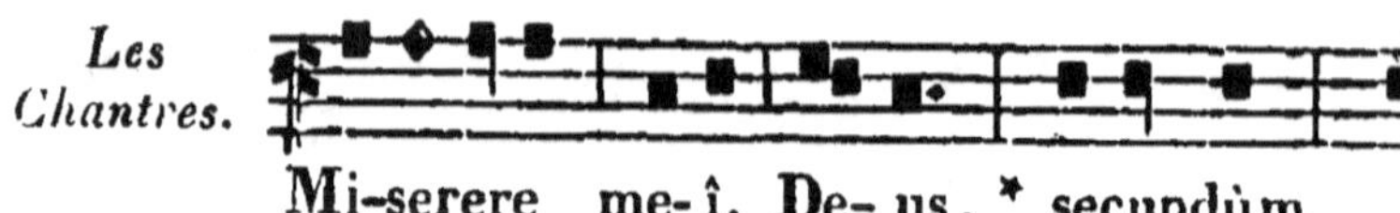

Mi-serere me-î, De-us, * secundùm

magnam mi-seri-cordi-am tu- am.

*Le Peuple répète* **Parce,** *après chaque* ℣.

Les Chantres.

Et secundùm multitudinem mi-sera-ti-

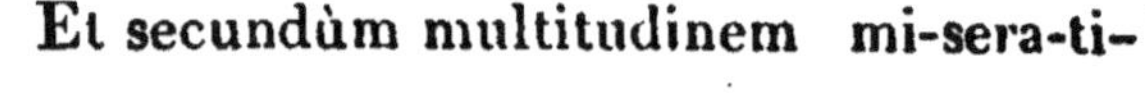

onum tu-a-rum, * dele    iniqui- ta-tem me- am.

On chante sur ces deux Versets alternativement les autres Versets du même Psaume, qu'on ajoute à volonté.

*Le même avec une terminaison et une reprise*
*différentes.*

dicentes.

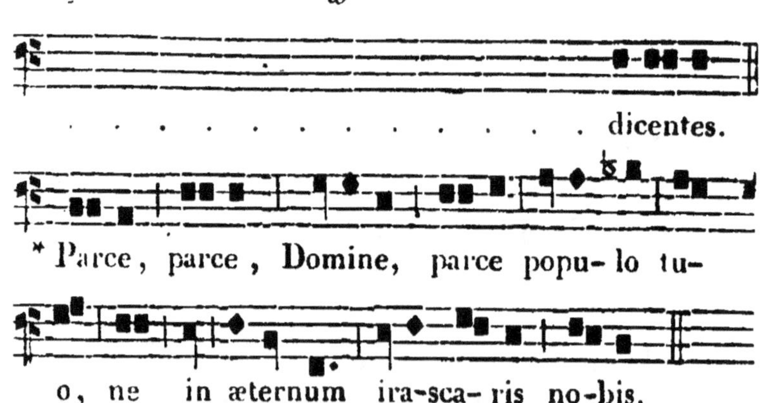

* Parce, parce, Domine, parce popu- lo tu-

o, ne   in æternum ira-sca- ris no-bis.

*Le Peuple répète* * **Parce.**

*Les Chantres.*

Mi-serere, etc., *comme ci-dessus.*

## Prière pendant l'Avent.

*Du* 1.

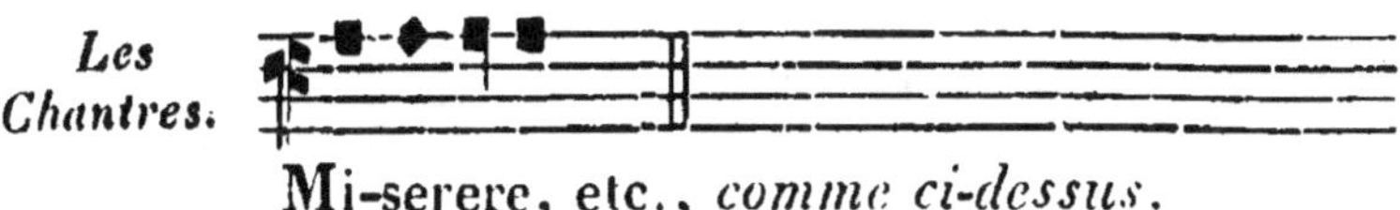

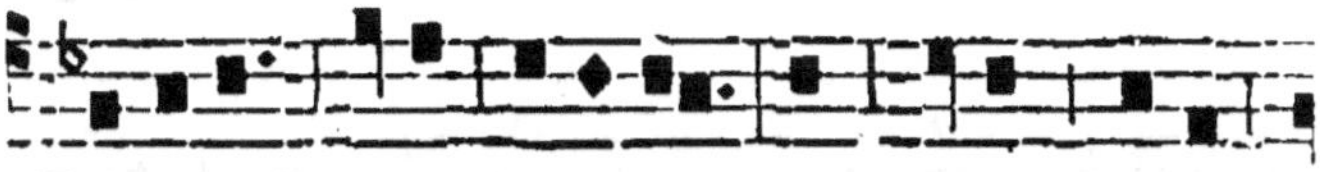

Rorate, cœli, desuper, et nubes plu-ant

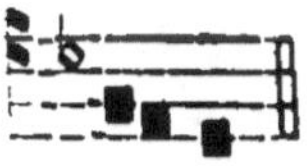

*Le Chœur.*

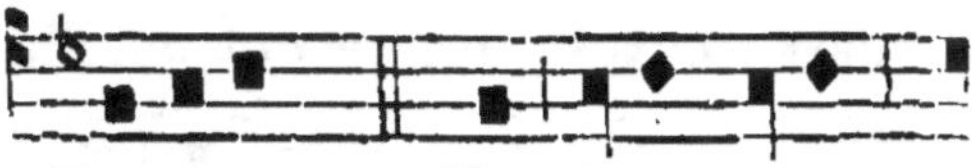

justum. Ro-rate, etc. Ne i-rasca-ris,

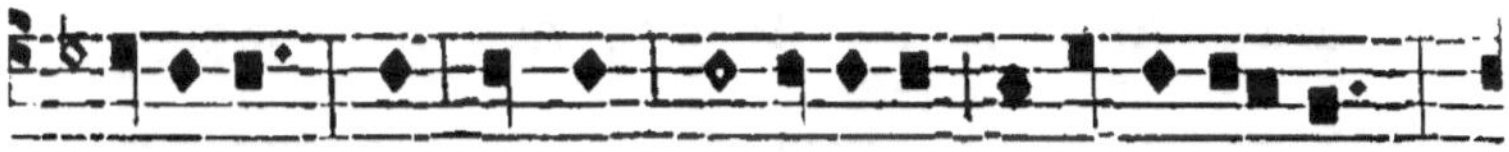

Domine, ne ultrà memineris iniqui-ta- tis :

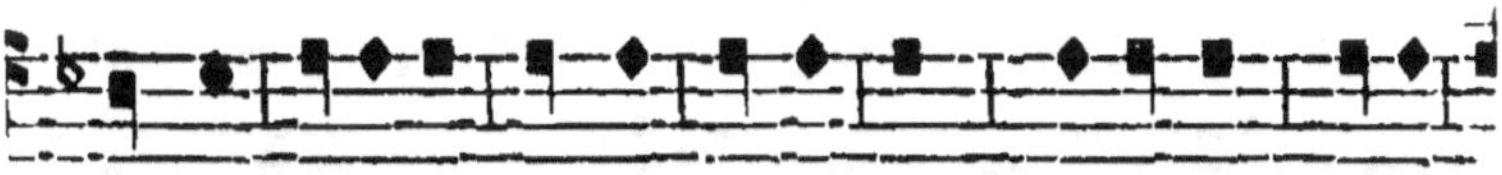

ecce civi-tas sancti facta est deserta ; Si-on

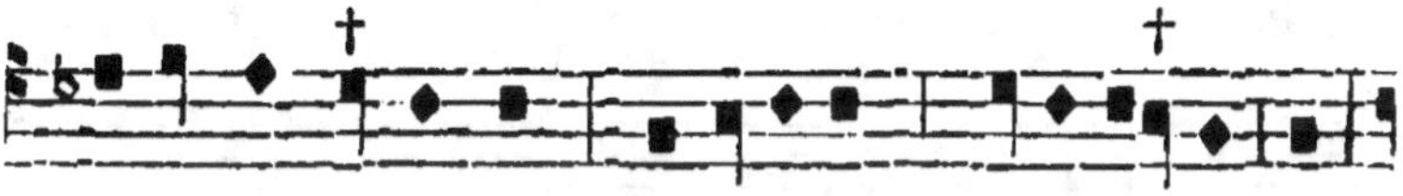

deserta facta est; Jeru-salem deso-la- ta est;

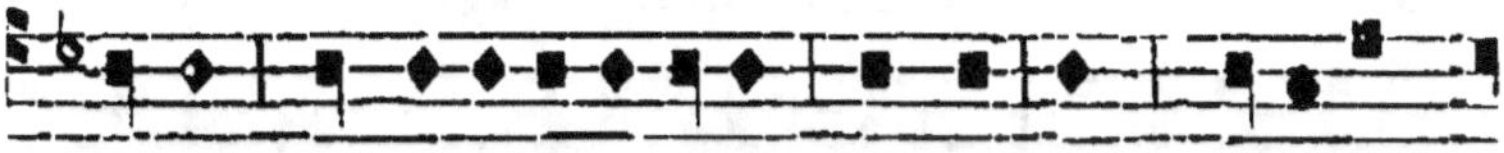

domus sanctifi-ca-ti-onis nostræ, et glo-ri-æ

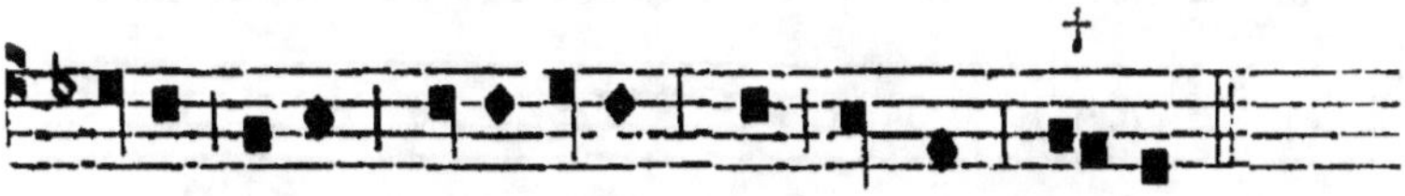

tu-æ, ubi laudaverunt te patres nostri.

*Le Chœur.*

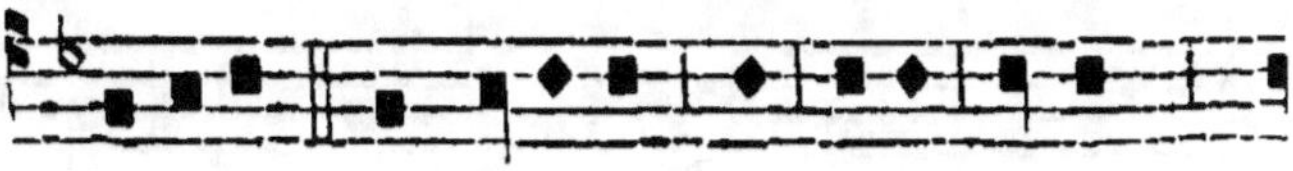

Ro-rate. Pec-cavimus, et facti sumus

tanquam immundus nos, et ce-cidimus quasi

fo-li-um univer-si , et iniqui-ta-tes nostræ,

quasi ventus abstulerunt nos : abscondisti faci-em

tu-am à nobis , et alli-sisti nos in manu

*Le Chœur.*

iniqui- ta-tis nostræ.      Rora-te. Vide,

Domine, afflicti-onem popu-li tu-i; et mit-

te quem missu-rus es, emitte Agnum domina-

torem terræ de petrâ deserti , ad montem

fi-li-æ Si-on; ut auferat i-pse jugum capti-

*Le Chœur.*

vi-ta- tis nostræ.      Rora-te. Conso-la-

## Prière pendant le Carême.

mus cum patribus nostris, injustè e-gimus:
multiplica-tæ sunt super capillos capitis ini-
qui-tates nostræ. *Le Ch.* Attende. Contrista-
ti sumus in exer-cita-ti-one nostrâ, et contur-
ba-ti sumus à voce inimi-ci, et à tribula-ti-
one pecca-to-rum : in proximo est perdi-ti-o
nostra, et non est qui adjuvet : formido mortis
cecidit su-per nos. *Le Ch.* Attende. Cor
contri-tum et humi-li- atum, ne despi-ci-as,
Domine; in jejuni-o et fletu te de-pre- ca-

mur; nos ele-emosynam concludimus in sinu pau-
perum, et ipsa exorabit te pro no- bis :
convertimur ad te, quoni-am multus es ad i-
gnoscendum.
Le Ch.
Attende. Audi, popule
me-us, et considera, vine-a me-a electa, domus Is-ra-el: ego te plantavi : quomodò facta es in amari-tudinem? Expectavi ut faceres
judi-ci-um, et ecce iniqui-tas; et justi-ti-am,
Le Ch.
et ecce clamor.
Attende. Revertere,
revertere ad Dominum De-um tu-um, et au-

## STABAT.

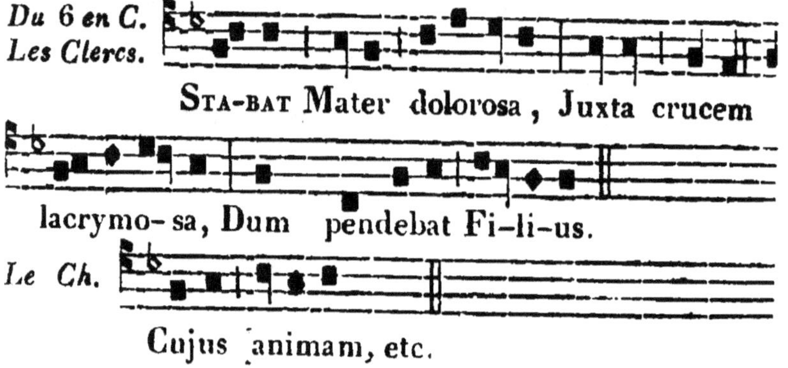


Cujus animam, etc.

## O FILII.

*Le Chœur répète :* Alleluia.

GÉNÉALOGIE DE N. S. J. C. SELON S. MATTHIEU.

Da-vid, fi-li-i Abraham; Abraham genu-it I-sa-
ac; Isa-ac au-tem genu-it Ja-cob; Ja- cob
autem genu-it Judam, et fratres e- jus; Judas autem genu-it Phares, et Zaram de Thamar; Phares au- tem genu-it Esron ; Esron autem
genu-it A-ram; A-ram autem genu-it Aminadab ; Aminadab au-tem genu-it Na-asson ; Na-
asson autem genu-it Salmon; Salmon au-tem genu-it Bo-oz de Ra-hab; Bo- oz autem genu-it
Obed ex Ruth; Obed autem genu-it Jes-se; Jes-

se    autem genu-it Da-vid Re-gem ; David autem
Rex genu-it Salomonem ex e-â quæ fu- it  U-
ri-æ ;  Sa-        lomon autem genu-it  Ro- bo-am ;
Ro-bo-am autem genu-it Abi- am ; Abi-as  autem genu-it A-sa ;   Asa au-tem ge-    nu-it
Josaphat ; Josaphat autem genu-it Jo-ram ; Joram
autem genu-it  Ozi- am ; Ozi-as autem  genu-it
Jo- athan ; Jo-athan autem genu-it Achaz ;  A-
chaz autem genu-it Ezechi-  am ; Ezechi- as autem
genu-it Manassen ; Manasses autem genu-it  Amon ;

Amon autem genu-it Josi- am; Josi- as autem
genu-it Jechoni-am, et fratres ejus, in transmi-
grati- one Ba-by-lo-nis. Et post transmi-grati-
onem Babylo-nis, Jecho-ni-as genu-it Sa-la-
thi-el; Salathi- el au-tem genu-it Zoro-babel;
Zorobabel autem genu-it A-bi-ud; Abi-ud au-tem
genu-it Eli- acim; Eli- acim au- tem
ge- nu-it A-zor ; A- zor autem genu-it
Sa-doc; Sadoc autem genu-it Achim; Achim autem
ge-nu-it Eli-ud; Eli- ud autem genu-it Ele- a-

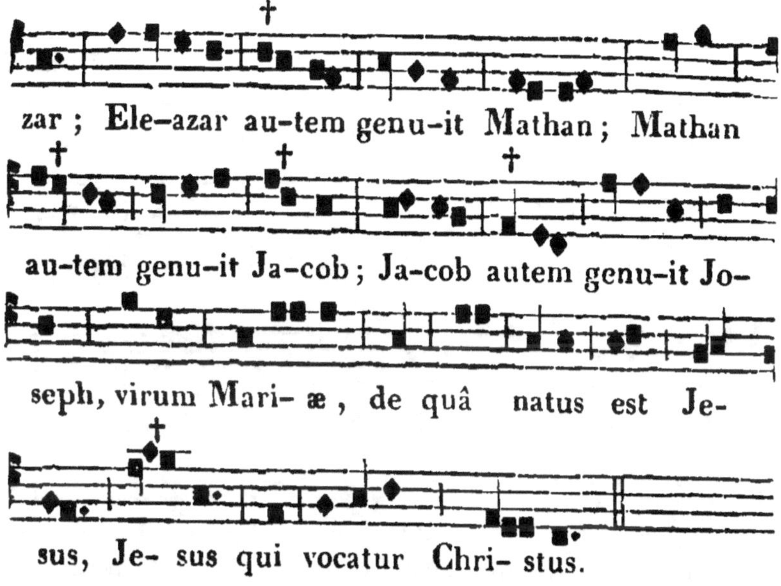


*Ici finit, en plusieurs Eglises, la Généalogie selon S. Matthieu.*

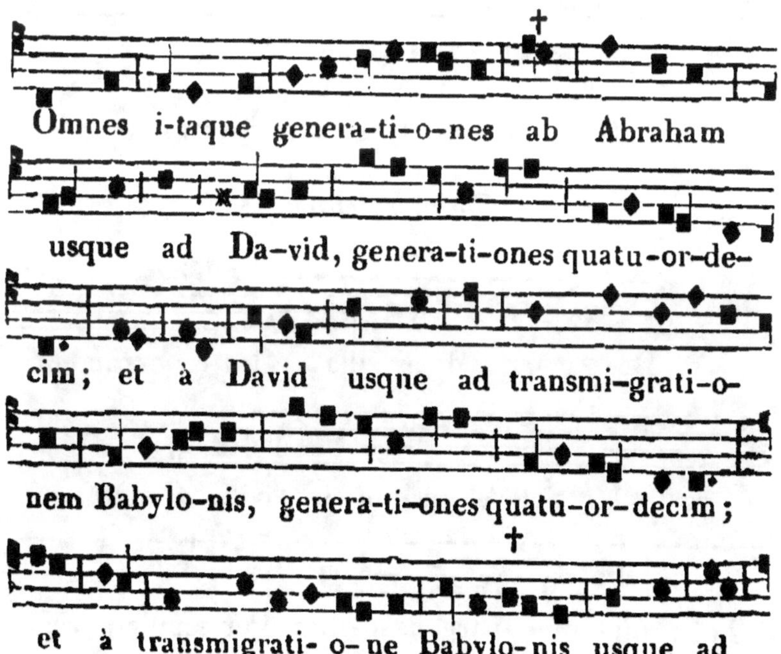

## PROSE DE LA MESSE DES MORTS.

*Chant solennel.*

onum, Co-get omnes ante thronum. Mors stupe-
bit. Liber scriptus profere-tur In quo to- tum
continetur, Un- dè mundus ju- dice-tur. Judex.
Quid sum miser tunc dictu- rus? Quem patronum
ro- ga-tu-rus? Cùm vix jus-tus sit secu-rus. Rex.
Recorda-re, Jesu pi- e, Quod sum causa tu-æ
vi-æ; Ne me perdas il-là di- e. Quærens me.
Juste judex ul- ti-o-nis, Donum fac remis-si-o-
nis, Ante di- em ra- ti- o-nis. Inge-misco.
Pecca-tricem absol-vis-ti, Et la-tro-nem exaudi-

sti, Mi-hi quoque spem de-dis- ti. Preces.
luter o-ves locum præsta, Et ab hædis me se-
questra, Statu-ens in par-te dex-trâ. Confuta-
tis.      Oro supplex et accli-nis, Cor contri-tum
qua- si ci-nis, Gere curam me- i fi- nis. Lacrymo-
sa. Judicandus homo re-us, Huic ergo parce,
De-us, Hu- ic ergo parce, De- us. Pi-e Jesu.

# CHANTS



*des* **KYRIE, GLORIA, CREDO, SANCTUS** *et* **AGNUS** *des différens degrés de fêtes de l'année.*

## ANNUELS.

## MESSE DE LECLERC.

son, Chris-te, e-le- i- son, ele. i-son, Chris-

*Le Ch.*

te, Chris-te, ele- i-son.    Christe,

*Seul.*

e-    le-i-son.    Christe, ele- i-son,

e-le-i- son, Chri- ste, e-le-i-son, ele-ison,

e-le- ison, Christe, Christe, e-le- i-son.

*Le Chœur.*

Kyri- e,

*Seul.*

e-    le-i-son.    Kyri- e, e-le- i- son,

Kyri- e, ele- i-son, Kyri- e, ele- i-son, ele-i-son,

e-le-i-son, Ky-ri-e, ele- i-son, e-le- i-son,

Kyri- e,    e-    le-i-son.

Glo- ri- a in ex-celsis De- o. Le Ch. Et
in terra pax, pax hominibus bonæ voluntatis.
Seul. Lauda- mus, lauda- mus te. Le Ch. Bene-
di-cimus te. Seul. Ado-ra-mus te, Ado-ramus
te. Le Ch. Glo-ri-ficamus, glo-ri-ficamus te.
Seul. Gra-ti-as agimus tibi propter magnam
glo- ri-am, glo- ri-am tu-am.
Le Ch. Domine De-us, Rex cœles- tis, De-us.
Pater omnipo-tens. Seul. Domine, Fili uni-
geni-te, Jesu Christe. Jesu, Jesu Christe.

Le Ch. Domine De-us. Agnus De- i, Fi-li- us,
Fi-li-us Pa-tris. Seul. Qui tollis peccata mundi, mi-sere-re, misere- re no-bis. Le Ch. Qui
tollis pecca-ta mundi, Seul. Sus-ci-pe,
Le Ch. Sus-cipe, Seul. Sus- cipe depreca-ti-
onem nos-tram, Le Ch. Susci-pe de preca-ti-o
nem nostram. Seul. Qui se- des, qui se- des
ad dex-teram Patris, mi- sere- re, mise- re-re
no-bis. Le Ch. Quoni-am tu solus Sanctus.
Seul. Tu so-lus Dominus. Le Ch. Tu solus Altis-

Gai.
simus, Je-su Chri-ste. Seul. Cum sancto Spiri-
tu, in glo- ri- a. Le Ch. Cum sancto Spi-
ritu, in glo- ri- a De-i Patris. Amen.
Seul. Amen, Amen, A-men. Le Ch. Cum sancto
Spi-ritu, in glo- ri- a De-i Pa-tris. Amen.
Seul. A- men, A- men. Le Ch A-
men.
Cre- do in unum De- um Seul. Patrem omnipotentem, factorem cœli. Le Ch. Factorem cœli
et terræ, visi-bi-li-um omni-um et invi-si-bi-

li-um. *Scul.* Et in unum Dominum, Je-sum
Christum, Fi-li-um De-i unige-ni-tum.
*Le Ch.* Et ex Patre natum ante omni-a se-cu-la.
*Scul.* De-um de De-o, lumen de lumine, De-
um ve-rum, De-um verum, de De-o ve-ro.
*Le Ch.* Geni-tum non factum, consubstanti-alem Pa-
tri, per quem omni-a facta sunt. *Seul.* Qui pro-
pter nos homines, et propter nostram salu-tem,
*Le Ch.* Descen- dit, *Seul.* Descen- dit,
*Le Ch.* Descen- dit de cœ-lis. *Seul.* Et in-carna-

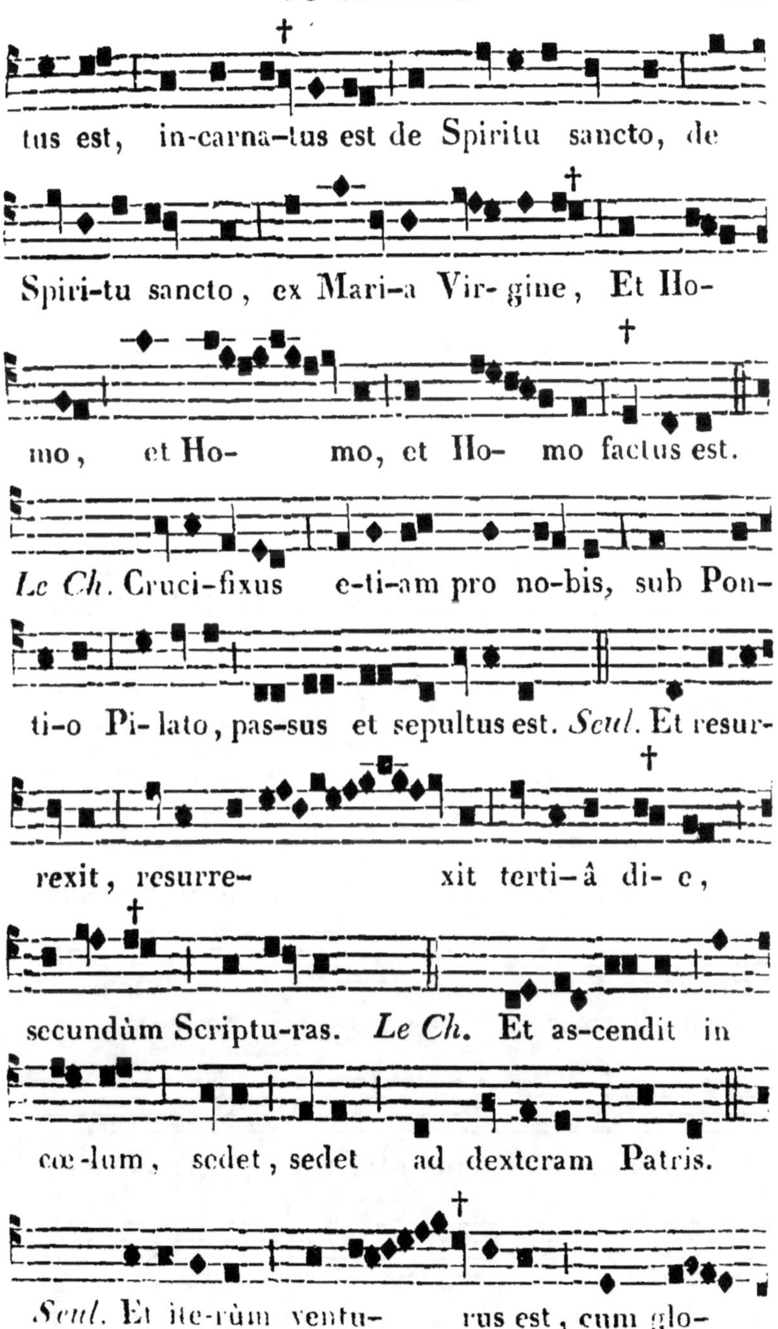

tus est, in-carna-tus est de Spiritu sancto, de
Spiri-tu sancto, ex Mari-a Vir-gine, Et Homo, et Ho- mo, et Ho- mo factus est.
Le Ch. Cruci-fixus e-ti-am pro no-bis, sub Ponti-o Pi-lato, pas-sus et sepultus est. Seul. Et resur-
rexit, resurre- xit terti-â di- e,
secundùm Scriptu-ras. Le Ch. Et as-cendit in
cœ-lum, sedet, sedet ad dexteram Patris.
Seul. Et ite-rùm ventu- rus est, cum glo-

ri-â, judi-care, judi-care vivos, vivos et
mortu-os: cu-jus regni, cu-jus regni non e-rit fi-
nis. Le Ch. Et in Spiritum sanctum Dominum,
et vivi-ficantem; qui ex Patre Fi-li-oque proce-
dit. Seul. Qui cum Patre et Fi-li-o simul
a-do-ra-tur, et conglo-ri-fi-catur: qui locu-
tus est per Prophe-tas. Le Ch. Et Unam, Sanctam,
Catho-licam, et Apo-sto-li-cam Eccle-si-am.
Seul. Confite-or unum Baptisma in remissi-o-
nem, in remissi-o-nem pecca-to-rum. Le Ch. Et

expec-to Seul. Resurrecti-o- nem,
Le Ch. Et expecto Seul. Resur-recti-o- nem
Le Ch. Mortu-o-rum. Seul. Et vi- tam venturi
se- cu-li. Le Ch. Et vi- tam ventu-ri secu-li. Seul. Amen, Amen, Amen. Le Ch. Et
vi-tam ventu-ri se-cu-li. Seul. Et vi- tam
venturi se- culi. Le Ch. A- men.
Seul. A- men, A-men. Le Ch. A-
men, a-men.

Le Ch.
Seul.
San- ctus, San-
Le Ch.
ctus, San- ctus, Dominus Deus
Seul.
Saba-oth. Pleni sunt cœli et terra glo-
ri-â, glo- ri-â, glori-â
Le Ch.
Pressé.
tu- â. Hosanna, hosanna, in ex-celsis,
Seul.
hosanna in excelsis. Benedic-tus qui ve-
nit in nomine Domini, benedictus qui venit in
Le Ch.
Pressé.
nomine Domini. Hosanna, hosanna in ex-
celsis, hosanna in excel-sis.

## A L'ÉLÉVATION.

## AUTRE.

Cette Messe, qu'on ne doit chanter, comme la précédente, que dans les plus grandes Solennités, ne renferme que la partie du Maître-Chantre dans les *Kyrie, Gloria* et *Credo.* Le Chœur répond par la

partie du Chœur de la Messe royale de Dumont, qui
se trouve ci-après.

*Seul.*



*Le Ch.*



*Seul.*







*Seul.*

*Du 1.*





† *Le Chœur.*     *Seul.*



*Le Chœur.*     *Seul.*



(*) **Extrait des Messes de M. Lapersonne.**

Le Chœur. Seul.
Domine Deus, Rex cœles- tis, De-us Pa-
Le Chœur. Seul.
ter, De-us, Pater omnipotens. Domine,
De-us, Agnus De- i, Fi-li-us Pa-tris, Fi-li-us
Le Chœur. Seul.
Patris. Qui tollis pecca-ta, pecca-ta
mundi, suscipe, suscipe, susci-pe deprecati-
Le Chœur. Seul.
o- nem nostram. Quoni- am tu solus
Le Chœur. Seul.
Sanctus. Tu solus, tu solus Altissimus,
Le Chœur.
Jesu, Je- su Christe.
Seul.
Da 1.
Cre- do in unum De-um, Patrem om-

ni-po-tentem, facto- rem cœ- li et terræ,
visi-bi- li- um omni- um, vi-sibi- li-um et invi-
† Le Chœur. Seul.
sibi- li- um. Et ex Patre, ex Patre
Le Chœur. Seul.
na- tum ante omni-a se- cula. Geni-
tum, non factum, consubstanti- alem Pa-tri, per
quem omni-a, per quem omni-a facta sunt.
Le Chœur. Seul.
Et incarna-tus est de Spi- ri-tu, de Spiri-
†
tu sancto, ex Ma- ri-à Virgi-ne, et Homo, et
†
Homo factus est, et Ho-mo, et Homo fac-tus

Le Chœur. Seul.
est. Et resurre- xit, resurre-
xit terti-à di-e secundùm Scripturas.
Le Chœur. Seul.
Et i-teràm venturus est cum glori-
à, cum glori-à, judi-ca-re, judi-care vivos,
ju-dicare mortu-os; cujus regni non erit fi-nis,
cujus regni, cu-jus regni non, non, non, non
Le Chœur. Seul.
erit finis. Qui cum Patre et Fili-
o simul adora-tur, et conglo-ri-fica-tur:
Le Chœur. Seul.
qui locu-tus est per prophe- tas. Conti-

te—or, confite— or unum, unum Baptisma in
Le Chœur.
remissi-onem, in remissi-o-nem peccatorum.
Seul.
Et vitam ventu-ri, ventu- ri secu-li, et vi-
Le Chœur.
tam venturi secu-li, venturi se-cu-li.
Seul.
Sanctus. Le Ch. San—ctus, Seul. Sanctus Dominus, Le Ch. Dominus, Deus Sa-ba-oth. Seul. Pleni sunt cœli et ter- ra glo- ri-â,
glori- â tu-â. Le Ch. Ho- sanna, ho-sanna, hosanna in excel- sis. Seul. Benedi- ctus qui ve-nit in

nomine Domini. *Le Ch.* Hosanna, ho-sanna in ex-

celsis, ho-sanna, hosanna in excel-sis.

## A la Consécration.

*Du 5 transposé.*

*Seul.* O salu-taris Hos-ti-a, *Le Ch.* Quæ

cœli pandis osti-um; Bella premunt hosti-li-a,

Da robur, fer auxi- li-um, Bella premunt hosti-

li-a, Da robur, fer auxi- li-um. Qui carne, etc.

*Seul.*

Agnus, Agnus De-i, *Le Ch.* Qui tol-lis pecca-

ta mundi, mi-sere- re, mise-rere nobis, misere-re,

mise-re-re no-bis. *Seul.* Agnus, Agnus De- i,

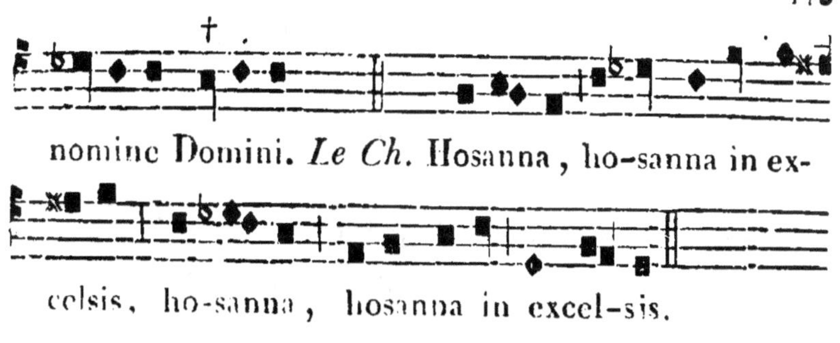

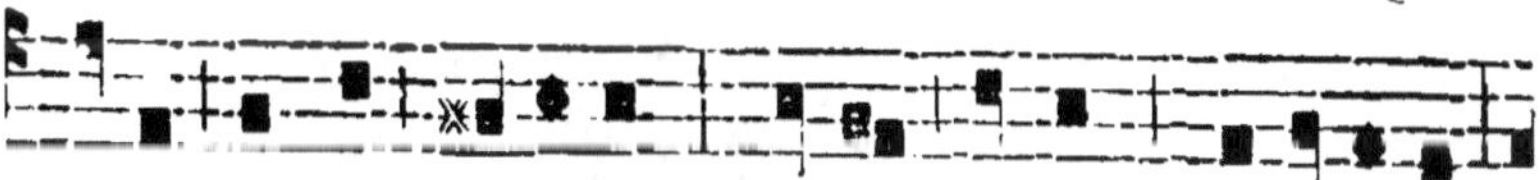

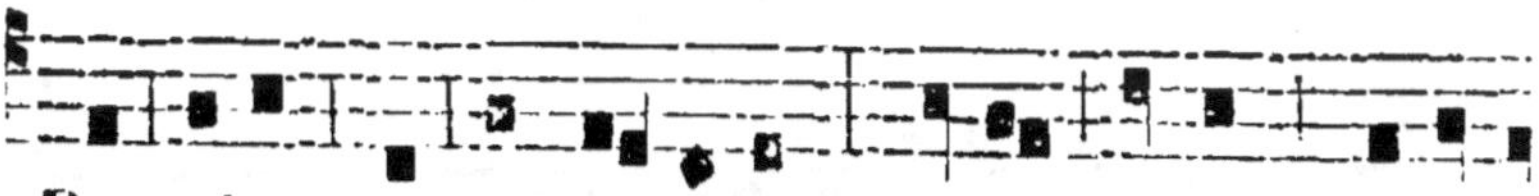

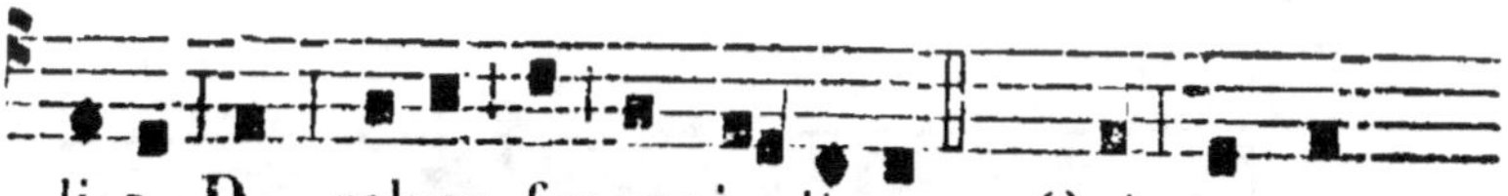

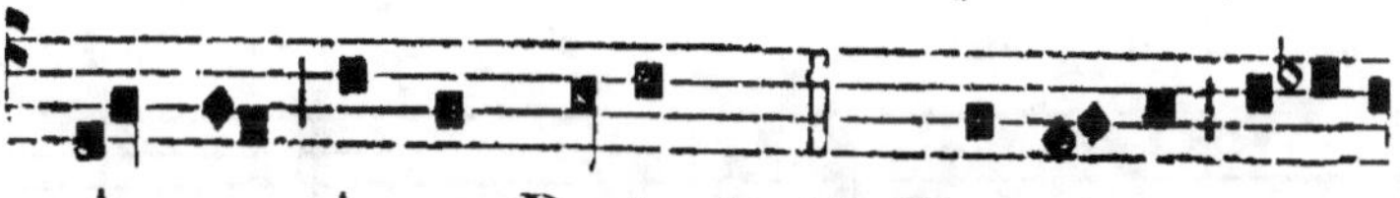

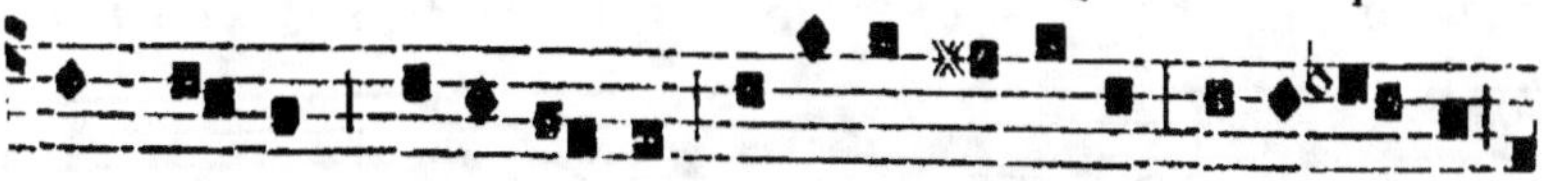

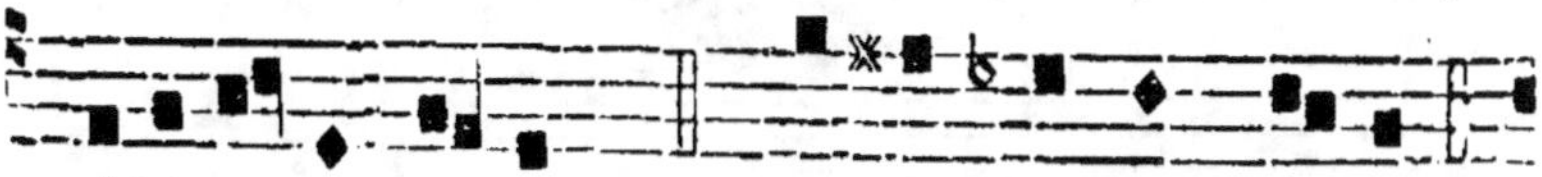

## MESSE DE M. H. DUMONT.

terrâ pax hominibus bonæ volunta-tis. Lau-
damus te. Benedi-cimus te. Adoramus te.
Glori-ficamus te. Grati-as agimus tibi
propter magnam glori-am tu-am : Domine
De-us, Rex cæle-stis, De-us Pater omni-potens;
Domine Fi-li uni-ge-nite , Jesu Christe;
Domine De-us, Agnus De-i, Fi-li-us Patris.
Qui tollis peccata mundi , mise-rere no-bis.
Qui tollis peccata mundi, sus-cipe depreca-ti-
onem nostram. Qui sedes ad dexteram Pa-tris,

miserere no-bis. Quoni-am tu solus Sanctus,
Tu solus Dominus, Tu so-lus Altissimus,
Je-su Chri-ste : Cum sancto Spi-ri-tu in glori-
a De-i Patris. A- men.
Du 1.
Cre- do in unum De- um, Patrem omni-
po-tentem, Factorem cœ-li et ter-ræ, visi-
bi-li-um omni-um, et invisi-bi-li-um. Et in
unum Dominum Jesum Chri-stum, Fi-li-um De-i
unigeni-tum. Et ex Pa-tre natum ante omni-
a secula. De-um de De-o, lumen de lumine,

De-um verum de De-o ve-ro. Genitum non
factum, consubstanti-alem Pa-tri, per quem omni-
a facta sunt. Qui propter nos homines, et
propter nostram salu-tem descendit de cœ-
lis. Et incarna-tus est de Spiri-tu sancto,
ex Mari- à Vir-gine; ET HO-MO FA-CTUS EST.
Cru-ci-fixus e-ti-am pro nobis sub Ponti-o Pi-la-
to; passus et se-pultus est. Et resur-rexit terti-
à di- e secundùm Scriptu-ras. Et ascendit
in cœlum; sedet ad dex-teram Pa-tris. Et

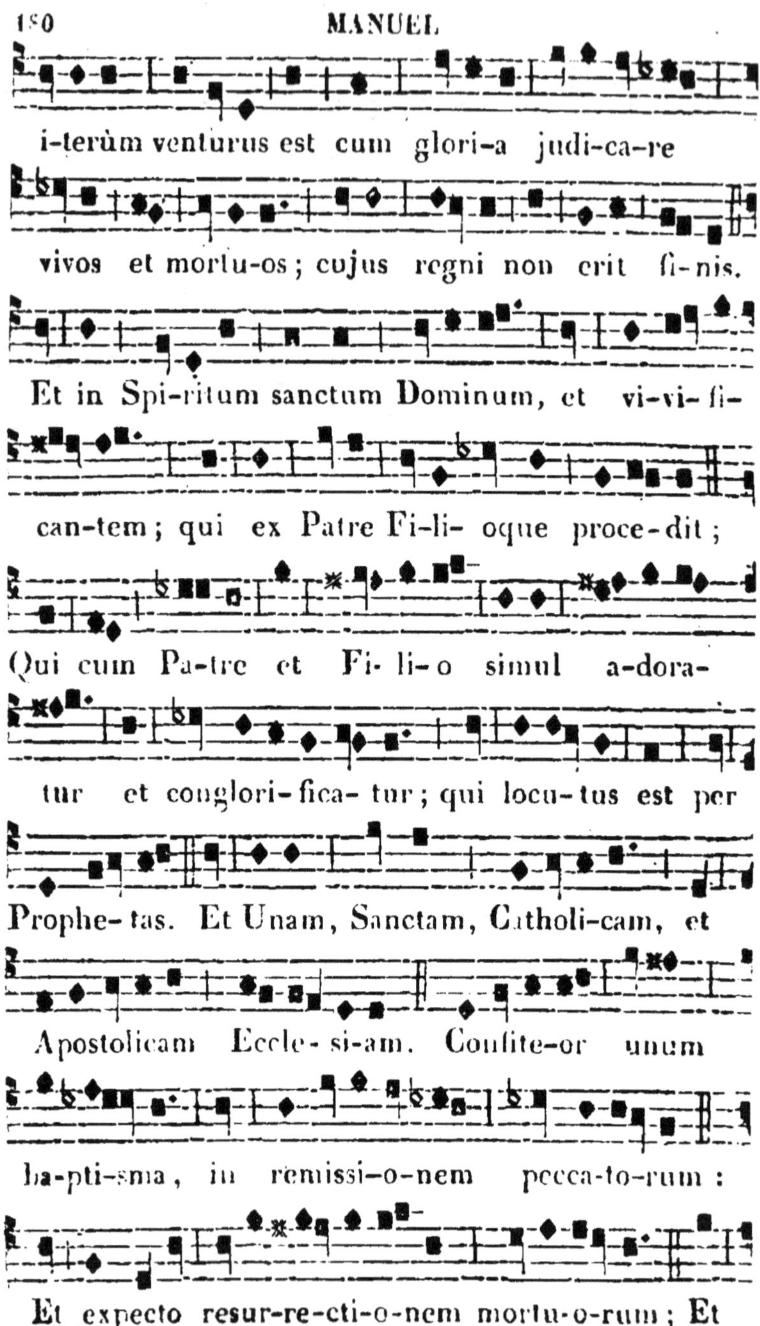
i-terùm venturus est cum glori-a judi-ca-re
vivos et mortu-os; cujus regni non erit fi-nis.
Et in Spi-ritum sanctum Dominum, et vi-vi-fi-
can-tem; qui ex Patre Fi-li- oque proce-dit;
Qui cum Pa-tre et Fi- li- o simul a-dora-
tur et conglori-fica- tur; qui locu-tus est per
Prophe- tas. Et Unam, Sanctam, Catholi-cam, et
Apostolicam Eccle- si-am. Confite-or unum
ba-pti-sma, in remissi-o-nem pecca-to-rum :
Et expecto resur-re-cti-o-nem mortu-o-rum; Et

## À LA CONSÉCRATION.

9

## AUTRE.

O sa-lu-ta-ris, salu-taris Hos-ti-a, Quæ cœli pandis osti-um; Bella premunt hosti- li-a, Da
robur, da robur, da robur, fer auxi- li- um,
Da ro-bur, da robur, da robur, fer auxi- li-um.
Du 1.
Agnus De- i, qui tollis pec-cata mundi, misere-re no- bis. Agnus De- i, qui
tollis pecca-ta mundi, misere- re no-bis. A-
gnus De- i, qui tollis peccata mundi, dona
no-bis pa-cem.

## SOLENNELS-MAJEURS.

ter- ra pax *Le Ch.* ho-mi- nibus bonæ
volunta-tis. Lauda- mus te. Bene-di-cimus te.
Adora- mus te. Glori-fi- ca- mus te.
Gra- ti-as a-gimus ti-bi propter magnam
glo- ri-am tu- am. Domine De-us, Rex cœ-
le- stis, De- us, Pa- ter omnipo-tens.
Domine, Fi- li u-nige- ni-te, Je- su
Chri- ste. Domine De- us, Agnus De- i,
Fi- li-us Pa- tris. Qui tol-lis peccata mundi,
misere- re no- bis. Qui tol-lis peccata mun-

di, sus- cipe depreca-ti-o- nem nostram. Qui
se- des ad dexteram Pa- tris, misere- re
no-bis. Quoni-am tu solus sanctus. Tu so- lus
Dominus ; Tu solus Altis-simus , Je- su
Chri- ste, Cum san- cto Spi- ritu, in
glo-ri- a De-i Pa- tris. A- men.
Du 5
transposé.
Cre-do in u-num De- um, Patrem om-
nipo-tentem , factorem cœli et terræ, visi-bi-li-um
omni-um et invi-si-bi-li- um. Et in unum Dominum, Jesum Christum, Fi-li-um De-i unige-

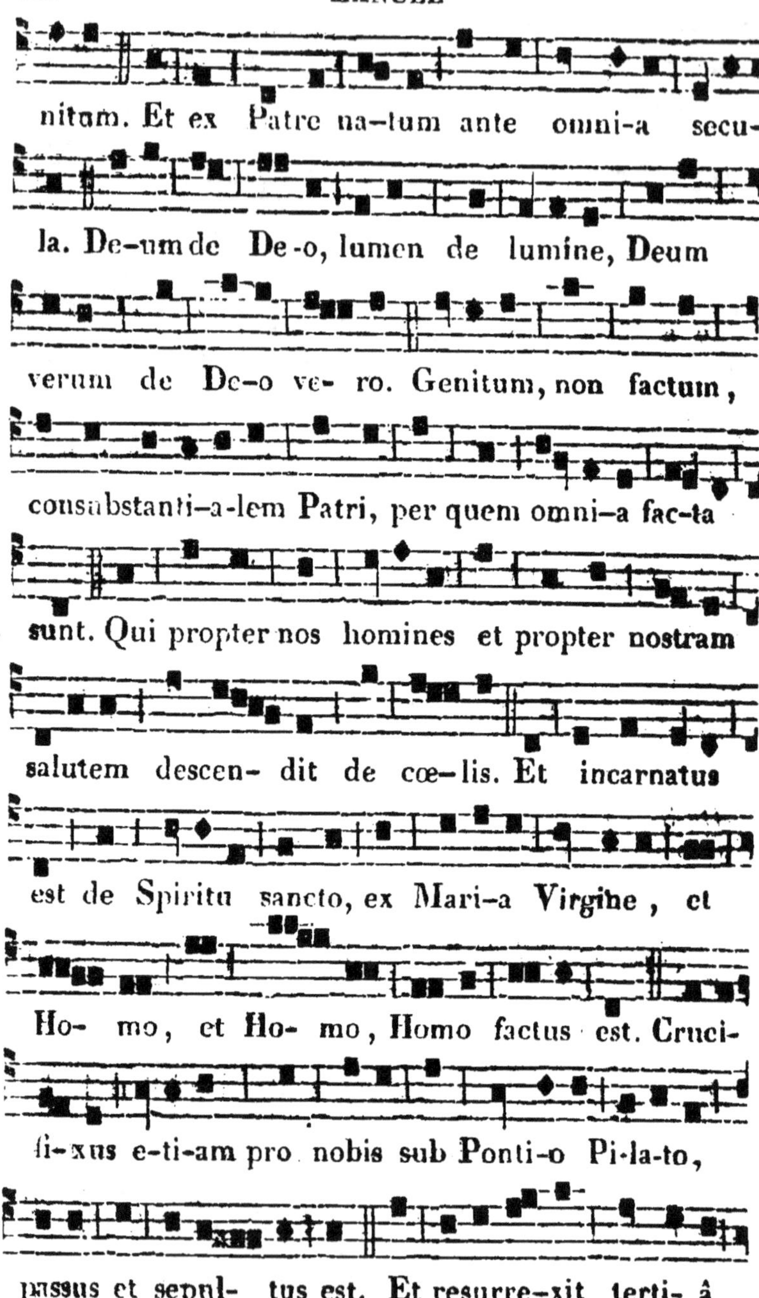


nitum. Et ex Patre na-tum ante omni-a secula. De-um de De-o, lumen de lumine, Deum
verum de De-o ve- ro. Genitum, non factum,
consubstanti-a-lem Patri, per quem omni-a fac-ta
sunt. Qui propter nos homines et propter nostram
salutem descen- dit de cœ-lis. Et incarnatus
est de Spiritu sancto, ex Mari-a Virgine , et
Ho- mo, et Ho- mo, Homo factus est. Crucifi-xus e-ti-am pro nobis sub Ponti-o Pi-la-to,
passus et sepul- tus est. Et resurre-xit terti- â

di- e secundùm Scripturas. Et ascendit in cœ-

lum : sedet ad dexteram Pa-tris. Et i-terùm

venturus est cum glori-a judicare vivos et mortu-

os : cujus regni non erit fi- nis. Et in Spiri-

tum sanctum Dominum et vivi-ficantem, qui ex

Patre Fili- oque pro-ce-dit. Qui cum Patre et

Fili- o .simul a- do- ratur et conglori- fica-tur,

qui locutus est per Prophe-tas. Et Unam, Sanctam ,

Catholi-cam et Apo-stoli- cam Eccle- si-am. Confi-

te-or unum Ba-ptisma in remissi-o-nem pecca-

A LA CONSÉCRATION.

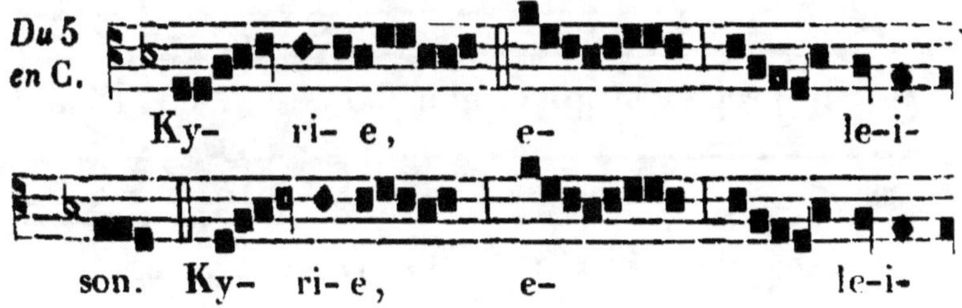


## SOLENNELS-MINEURS.

son. 2 fois. Christe, e- le-i-
son. 3 fois. Kyri-e, e-
le-i-son. 2 fois. Kyri-e, e-
le-i-son.
Du 5.
Glo- ri-a in excelsis De- o, Et in
ter-ra pax ho-mi- nibus bonæ volunta- tis.
Lauda-mus te. Benedi- cimus te. Ado-ra-mus
te. Glori-fica- mus te. Gra- ti-as agimus
ti- bi propter magnam glori-am tu- am. Domine De- us, Rex cœle-stis, De-us Pa- ter om-

ni- potens. Do-mine, Fi- li u-nige- ni-te,
Jesu Chris-te. Domine, De-us, Agnus De- i,
Fi-li- us Pa- tris. Qui tol-lis peccata mundi, mi-
se-re- re no- bis. Qui tol-lis pecca-ta mundi,
sus-cipe depreca- ti- o-nem nos-tram. Qui sedes ad dexteram Pa-tris, misere- re no- bis.
Quoni- am tu so-lus Sanctus; Tu so-lus Dominus; Tu so- lus Altis- simus, Je- su Christe, Cum sancto Spi- ri-tu, in glo- ri-a De- i
Pa- tris. A- men.

Du 5.
en C.
Cre- do iu unum De-um, Patrem omnipotentem, factorem cœli et terræ, vi-sibi-li-
um om-ni-um et invi-si-bi- li- um. Et in
unum Dominum Jesum Christum, Fili- um De-i
unigeni-tum. Et ex Patre na- tum ante omni-
a se-cu-la : De-um de De-o, lumen de lumine, De-um verum de De-o vero : Genitum non
fac- tum, consubstanti-a-lem Patri, per quem
omni- a facta sunt: Qui propter nos homines
et propter nostram salutem descendit de cœ-lis.

Et incarnatus est de Spiritu sancto, ex Mari-
a Virgine, Et Homo factus est. Crucifi-
xus eti-am pro nobis sub Ponti-o Pila-to; passus
et sepul- tus est. Et resurre-xit terti-à di-e
secundùm Scripturas. Et ascendit in cœlum, sedet ad dexteram Pa-tris. Et iterùm venturus
est cum glori-â judi-care vivos et mortu-os :
Cujus regni non erit finis. Et in Spiritum sanctum Dominum et vivi-fi-cantem, qui ex Patre
Fi-li-oque pro- cedit. Qui cum Patre   et Fi-li-o

simul ado—ratur et conglori- ficatur, qui locu-
tus est per Prophæ- tas. Et Unam;Sanctam, Ca-
tholi—cam et Aposto-licam Ecclesi- am. Confite-
or unum Baptisma in remissi- onem peccatorum. Et expecto resur—recti-onem mortu- o- rum.
Et vi- tam venturi secu-li. A-
men.
Du 6
en C.
San- ctus, Sanctus, San- ctus,
Do- minus De-us Sa- ba-
oth. Ple—ni sunt cœ- li et ter— ra glo-

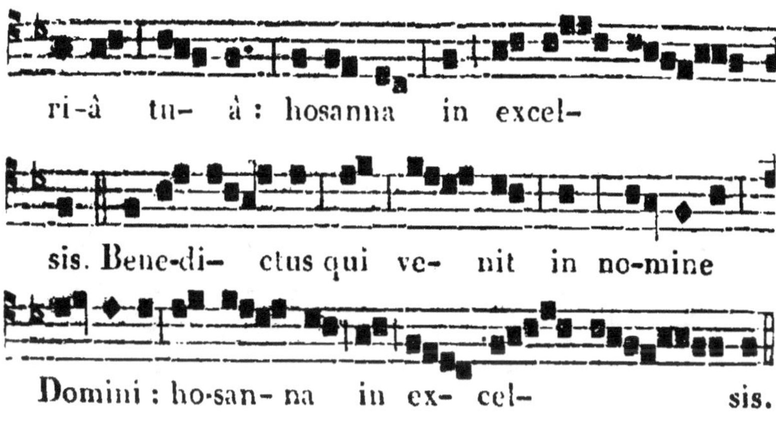


## A LA CONSÉCRATION.

## DOUBLES-MAJEURS.

Ky- ri-e, e
le-i-son.
Du 7.
Glo- ri-a   in excel-sis De-   o, Et in
ter-ra pax   ho-mi- nibus bonæ volunta-   tis.
Lauda-mus te.  Benedi- cimus te.  Ado-
ra- mus te.  Glori-fi-ca- mus te.  Grati- as a-gimus tibi propter magnam glo- ri-am tu-   am.
Domine  De-us, Rex cœ- le-stis, De-us Pater om- ni-potens. Domine Fi-li unige- nite,
Jesu Chri-  ste. Do- mine De- us, Agnus De-i,

Fi-li-us Pa-tris. Qui tol-lis peccata mundi,
misere-re no-bis. Qui tol-lis peccata mundi,
sus- cipe depreca-ti-o- nem nostram. Qui
sedes ad dexteram Patris, mise-re-re no- bis.
Quoni-am tu solus sanctus; Tu solus Dominus;
Tu solus Al-tis- simus, Jesu Chri- ste, Cum
sancto Spiri-tu in glori-a De-i Pa- tris.
A- men.
Du 6
en C.
Cre- do in unum De-um, Patrem

omnipotentem, factorem cœli et terræ, vi-sibi-
li-um omni-um et invi-sibi- li- um. Et in unum
Dominum Jesum Christum, Fili-um De-i u-ni-
ge-nitum. Et ex Patre na-tum ante omni-a
secula. De-um de De- o, lumen de lumine, De-
um verum, de De-o ve-ro. Genitum, non factum,
consubstanti-alem Patri, per quem omni-a facta sunt. Qui propter nos homines, et propter
nostram salutem, descendit de cœ-lis. Et incarna-
tus est de Spi-ritu sancto, ex Mari-a Virgine,

Et Homo factus est. Cruci-fixus e-ti-am pro
nobis sub Ponti-o Pi-la-to; passus et se-pultus
est. Et resur-rexit terti-â di-e, secundùm Scripturas. Et ascendit in cœlum, sedet ad dexteram Patris. Et i-terum venturus est cum glo-ri-
â judi-care vivos et mortu-os; cujus regni
non erit finis. Et in Spiri-tum sanctum Dominum et vivi-fi-cantem, qui ex Patre Fi-li-oque
proce-dit. Qui cum Patre et Fili-o simul adora-tur et conglori-fi-catur, qui locutus est

per Prophetas. Et Unam, Sanctam, Catholicam et
Apostoli-cam Eccle-si-am. Confi-te- or unum
Baptisma in remissi-onem pec-ca-to- rum. Et
expecto resurrec-ti- onem mortu-orum. Et vi-
tam ventu-ri secu-li. A-        men.
Du 5 en F.
San-     ctus,    San-ctus, Sar- ctus, Dominus De- us Sa-            baoth. Pleni sunt
cœ- li et. ter- ra glo- ri- à       tu-   à;
ho-  sanna        in ex-cel- sis. Bene-
di- ctus qui ve- nit in no- mine Do- mini;

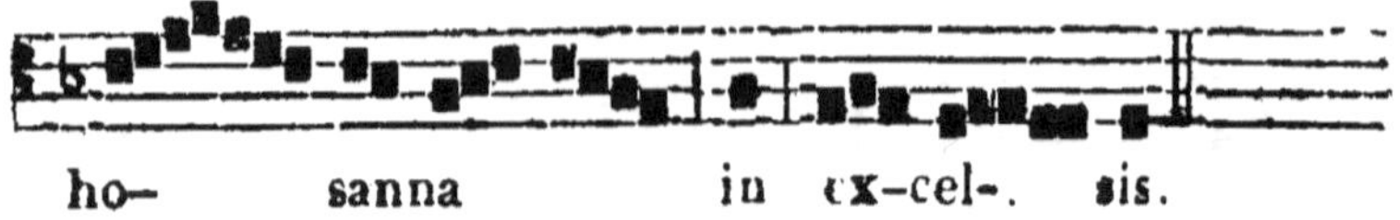


## A la Consécration.

*Du* 8.


*Du* 1.

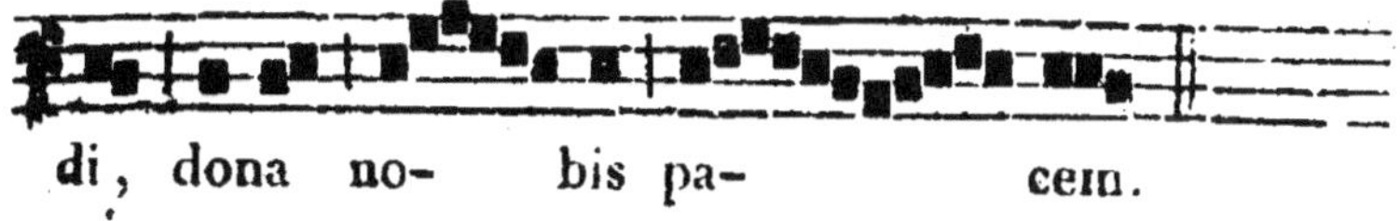

di, dona no- bis pa- cem.

## DOUBLES-MINEURS.

*Du 2 en G.*

Ky- ri-e, e- le-i-

son. Ky- ri-e, e- le-i-

son, 2 *fois.* Chri- ste, e-

le- i-son. 3 *fois.* Ky- ri-e, e-

le-i-son. 2 *fois.* Ky- ri-

e, e-

i-son.

*Du 3.*

Glo-ri-a in excel- sis De- o, et in

ter-ra pax homi- nibus bonæ volunta- tis.
Lau-damus te. Be-ne-di- cimus te. Adora- mus
te. Glori- fi-ca- mus te. Grati-as agimus ti- bi
propter magnam glori-am tu- am. Domine De-
us, Rex cœ- les- tis, De- us Pater omni-potens. Do-mine Fili u- nigeni-te Je- su
Chri- ste. Domine De- us, Agnus De- i,
Fi-li- us Pa- tris. Qui tol-lis pecca-ta mundi, mise- rere no-bis. Qui tol-lis pecca- ta
mundi, sus-cipe depreca-ti-onem nostram. Qui

se- des ad dexteram Patris, mise- rere
no-bis. Quoni-am tu so-lus san-ctus; Tu
solus Do-minus; Tu so- lus Altis-simus, Jesu
Chri-ste, Cum sancto Spi- ri-tu, in glori-a De-
i Pa- tris. A-        men.
Du 4.
Credo   in unum De- um   Pa-trem
Tout le Ch.
ensemble:
omnipoten-tem Factorem cœli   et ter-
ræ, Vi-sibi-li-um omni-um,   et invi-si-bi- li-um :
Et in unum Dominum Jesum Christum, Fi-li-um
De-i unige- nitum; Et ex Patre natum   ante

omni-a se-cu-la; Deum de De-o, lumen de lumi-

ne, De- um verum de De-o ve-ro : Genitum non

factum, consubstantia-lem Patri, per quem omni-

a facta sunt. Qui propter nos homines, et propter

nostram salu-tem descendit de cœ- lis. Et incar-

natus est de Spiri-tu sancto, ex Mari- a Vir-gi-

ne : Et homo fa-ctus est. Crucifi-xus eti-am

pro nobis sub Ponti-o Pila- to, passus et se-

pultus est. Et resurre-xit terti-â di-e secundùm

Scripturas. Et ascendit in cœlum, se-det ad dex-

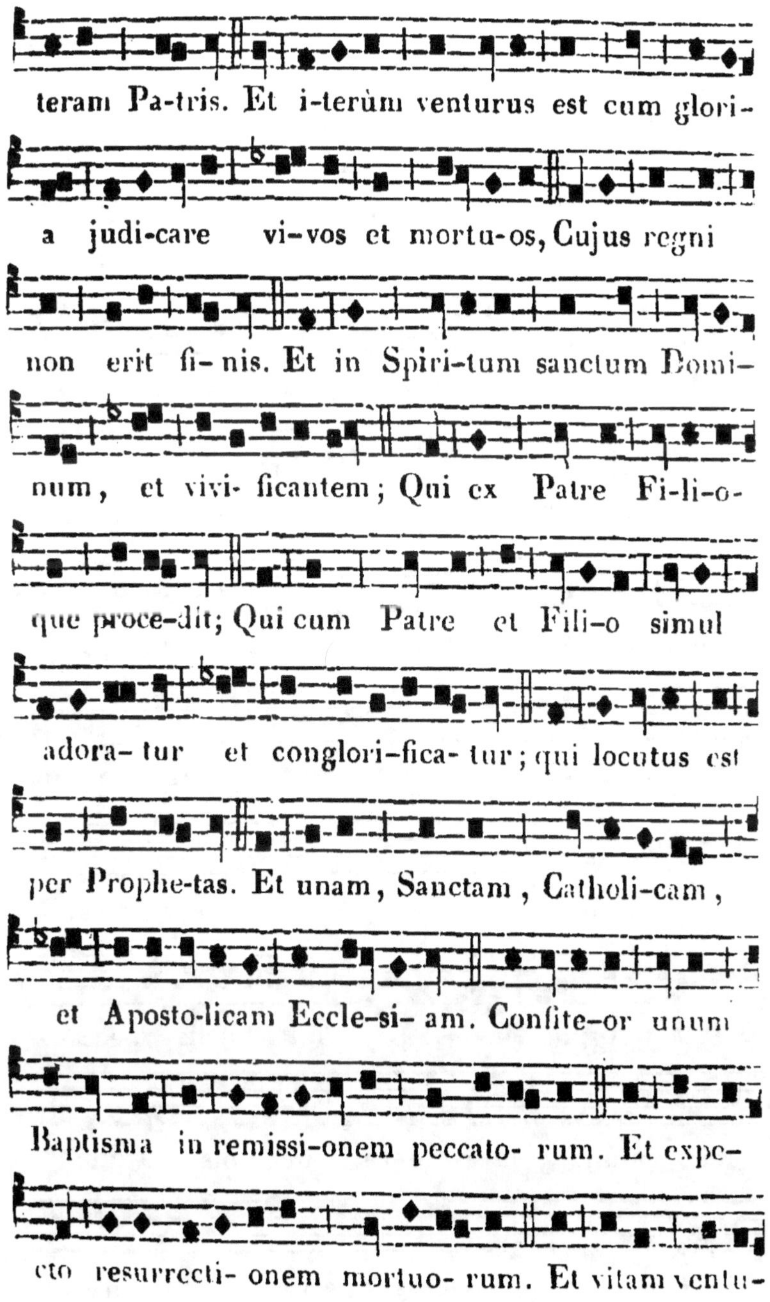

teram Pa-tris. Et i-terùm venturus est cum glori-
a judi-care vi-vos et mortu-os, Cujus regni
non erit fi-nis. Et in Spiri-tum sanctum Dominum, et vivi-ficantem; Qui ex Patre Fi-li-oque proce-dit; Qui cum Patre et Fili-o simul
adora-tur et conglori-fica-tur; qui locutus est
per Prophe-tas. Et unam, Sanctam, Catholi-cam,
et Aposto-licam Eccle-si- am. Confite-or unum
Baptisma in remissi-onem peccato- rum. Et expecto resurrecti- onem mortuo- rum. Et vitam ventu-

ri se- culi. A- men.

**Du 2.**
**en D.**

San- ctus, San- ctus, San- ctus, Do-

minus De- us sa- ba-oth. Ple- ni sunt cœ-

li et ter-ra glo- ri- â tu- â; ho-san-

na in ex- cel-sis. Benedi-ctus qui ve-

nit in no-mine Do- mini; ho- san- na in

ex- cel-sis.

**Du 5.**

Agnus De- i, qui tol-lis pecca-

ta mundi, mise- re-re no- bis. Agnus

De- i, qui tollis pecca- ta mundi,

## SEMI-DOUBLES.

Du .2.
Glo-ri- a in excelsis De-o, Et in
terra pax hominibus bo-næ volunta-
tis. Lauda- mus te. Bene-di-cimus te. Ado-
ra-mus te. Glori-fica-mus te. Grati-as
agimus tibi propter magnam glo-ri- am
tu-am. Do- mine De-us, Rex cœ-lestis, De-us
Pa-ter omnipotens. Do- mi-ne Fi- li unige-
nite, Jesu Christe. Domi-ne De- us, Agnus
De-i, Fi- li-us Patris. Qui tol-lis pecca-ta
mundi, mise- rere nobis. Qui tol-lis pecca-

Credo, *ci-devant, pag.* 205.



Du 2.

ter- ra glo- ri- â tu- â; ho- sanna
in excel- sis. Bene- di-ctus qui ve-nit
iu nomine Do- mini; ho- sanna
in excel- sis.
Da 1.
Agnus De- i, qui tol-lis pecca-
ta mun- di, mise-re- re no- bis.
Agnus De-i, qui tol-lis pecca- ta
mun- di, mise-re- re no-
bis. Agnus De- i, qui tol-lis pecca-
ta mun- di, dona no- bis pa- cem.

## SIMPLES.

Du 3.
Kyri-e, Le Ch. e-le-i-son. Kyri-e, e-le-
ison. 2 fois. Christe, e-le-i-son. 3 fois. Kyri-e,
e-le-i-son. 2 fois. Kyri-e, e- le-i-son.
Du 4.
en B.
Sanctus, Le Ch. Sanctus, Sanctus, Dominus De-us saba-oth. Ple- ni
sunt cœli et terra glori-à tu- à; hosanna in excel- sis. Bene-dictus qui venit
in nomine Domini; ho- sanna in
excel- sis.

# LE I DIMANCHE DE L'AVENT.

## DOUBLE-MINEUR.

Kyrie, etc. *ci-devant, pag.* 2o3.

# LES II, III ET IV DIMANCHES DE L'AVENT.

## SEMI-DOUBLE.

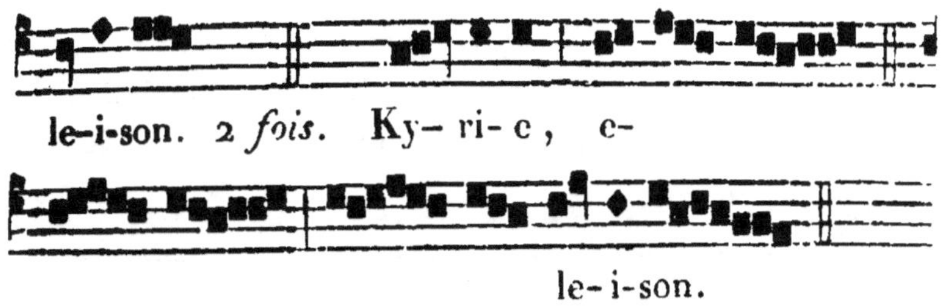


Credo, *p.* 205. Sanctus, *p.* 211. Agnus, *p.* 212.

---

# LES DIMANCHES

## APRÈS LA CIRCONCISION, L'ÉPIPHANIE ET LA PENTECÔTE.

### SEMI-DOUBLE.

Kyrie, *p.* 209.

---

# LES DIMANCHES

## DEPUIS LA SEPTUAGÉSIME JUSQU'A PAQUES.

### SEMI-DOUBLE.

Credo, *p*. 205. Sanctus, *p*. 211. Agnus, *p*. 212.

---

# LES DIMANCHES

### DANS L'OCTAVE DES ANNUELS ET DES SOLEN-NELS-MAJEURS, ET DANS LE TEMPS PASCAL.

### SEMI-DOUBLE.

Gloria, *p.* 210. Credo, *p.* 205. Sanctus, *p.* 211. Agnus, *p.* 212.

# CHANT SOLENNEL DES *KYRIE*

## POUR LES MESSES DES MORTS.

e-le-ison, Christe, e-le-i-son. Le Ch. Chri-
te, e- le-i-son. Seul. Kyri- e, e-le- i-son, e-
le-i-son, e-le-i-son, Kyri- e, e- le-i-son.
Le Ch. Kyri- e, e- le-i-son. Seul. Kyri- e,
e-le- ison, e- le- i-son.

# CHOIX DE MOTETS

## ANCIENS ET NOUVEAUX

POUR L'ÉLÉVATION, LA COMMUNION ET LES SALUTS.

### O SALUTARIS HOSTIA.

a, Da robur, da robur, fer auxi-li-um, da robur, da robur, fer au-xi- li-um. Amen, A-
men, Amen.

## AUTRE.

O salu- ta-ris, o saluta- ris ho- sti- a!
Quæ cœ- li pandis o-sti- um; Bella premunt
ho-'sti- li-a, bella premunt, bel- la premunt
ho-sti- li-a, bella premunt, bella pre- munt
ho-sti-li-a, Da robur, fer au-xi- li-um. O sa-
luta-ris, salu-taris ho-sti-a! Quæ cœli pandis

## O JESU, DEUS MAGNE. *

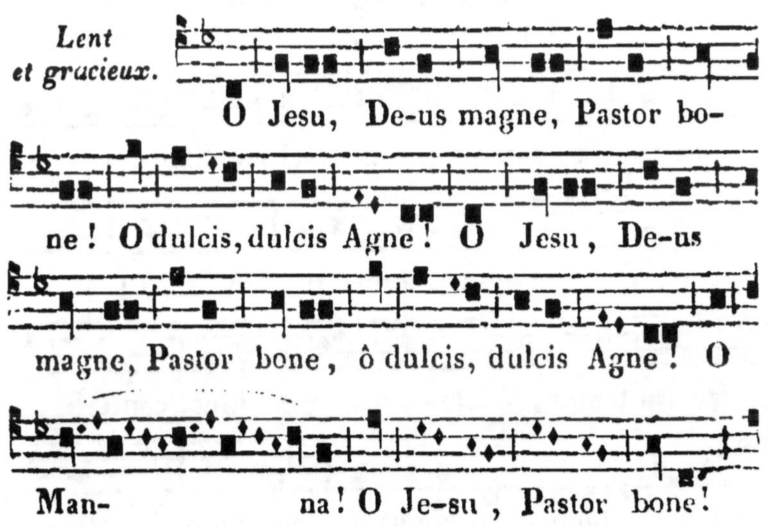


* Les pièces où la mesure est marquée sont seules notées d'après les règles du plain-chant musical : les autres sont notées selon la valeur des notes du plain-chant ordinaire.

ô Pa-nis sa-lu-taris! ô Manna, ô Panis, ô
Fin.
Agne, ô Jesu, ô Je-su, Je-su mi.
O Po-testas, quid non præstas? ô Ma-je-
stas Domini! O Potestas, quid non præstas?
ô Ma-je-stas Domini. O Jesu, etc. Salus,
fons amoris, summæque boni-tatis : Salus, fons
amoris, summæque bonita-tis, laudes tu-as
fac cantemus, cante- mus, cante-
temus, cantemus in æternum, in æternum, in æternum. O Je-su di- lecte, di-le-cte,

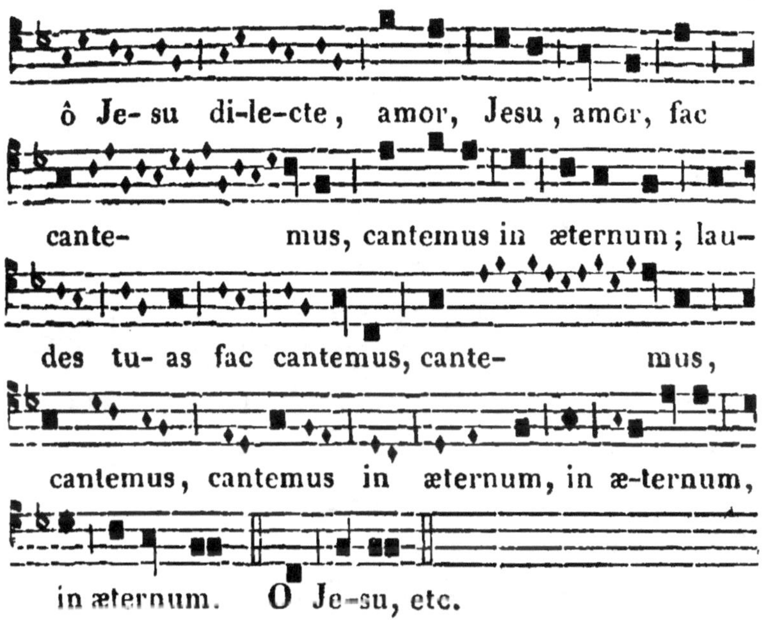


## JESU CHRISTE.

## O SACRUM CONVIVIUM.

venite, fideles, ad tantas epu-las melle dulci-

o-res, mannâ meli-o-res, ve-nite, venite. O

*Grave.*

sa-crum, etc. Di- gnè su-mi-te pa-nem An-

*Vîte et marqué.*

gelo-rum ; ut vobis illo refectis vivat in æter-

*Grave.*

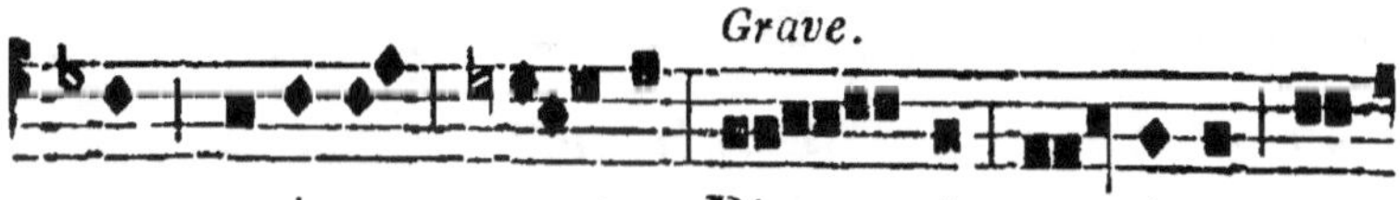

num anima ve-stra. Di- gnè su-mi-te pa-

*Vîte et marqué.*

nem Ange-lo-rum; ut vobis illo refe-ctis vi-vat

in æternum anima vestra, vivat in æternum ani-

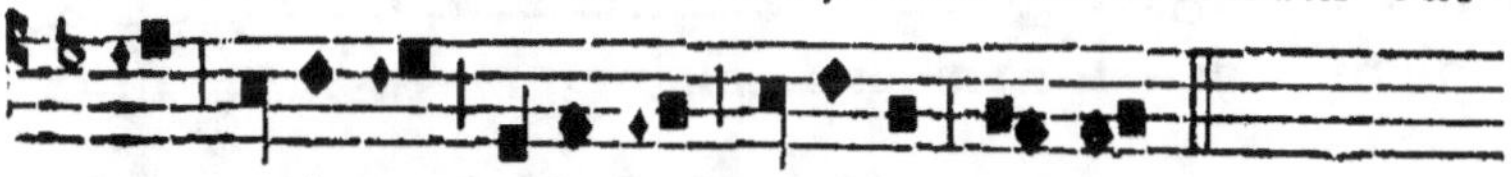

ma, anima, anima, anima vestra.

## AUTRE.

O sacrum convi-vi-um in quo Christus sumi-

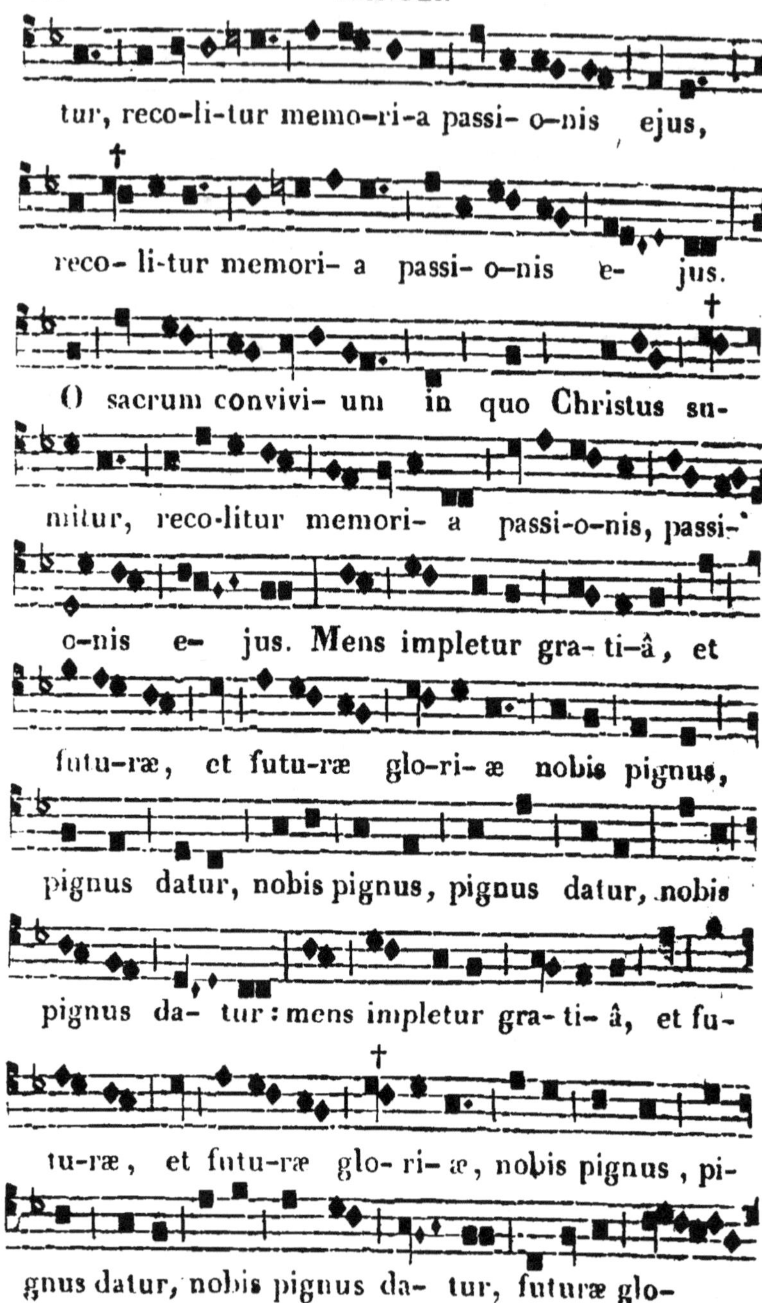

tur, reco-li-tur memo-ri-a passi- o-nis ejus,
reco- li-tur memori- a passi- o-nis e- jus.
O sacrum convivi- um in quo Christus su-
mitur, reco-litur memori- a passi-o-nis, passi-
o-nis e- jus. Mens impletur gra- ti-â, et
futu-ræ, et futu-ræ glo-ri- æ nobis pignus,
pignus datur, nobis pignus, pignus datur, nobis
pignus da- tur : mens impletur gra- ti- â, et futu-ræ, et futu-ræ glo- ri- æ, nobis pignus, pignus datur, nobis pignus da- tur, futuræ glo-

## EXULTATE DEO.

## QUEMADMODUM.

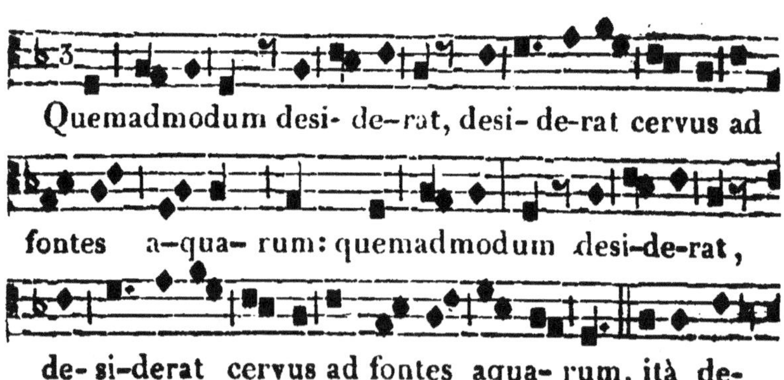

siderat a-nima me- a ad te, De- us, ita desi-
derat a- nima me- a ad te, De- us. Quem-
admodum desiderat, desi-de-rat cervus ad fontes
aquarum, ita desi-derat a- nima me-a, ita de-
side-rat a-nima me- a ad te, De-us. Siti-
vit, siti-vit a-nima me-a ad De-um fortem, vivum,
ad De- um fortem, vi-vum, ad De- um fortem,
vi- vum, quando ve- ni-am et appare-
bo ante fa- ci- em De- i, et appa-re-
bo ante fa- ci- em De- i.

11

## ADORO TE.

Ado- ro, ado-ro te supplex, la-tens De- i-tas,
Quæ sub his figu-ris verè lati-tas ; Ti-bi se cor meum to-tum subjicit, Qui-a te contemplans to-tum
de-ficit, to-tum de- ficit. Visus, tactus, gustus in
te fal-li-tur, visus, tactus, gustus in te, in te fal-
li-tur : Sed auditu solo tutò creditur. Credo quid-
quid di-xit De-i Fi-li-us: Nil hoc verbo ve-rita-
tis, veri-ta-tis, ve-ri-us. O, ô memori-a-le
mortis Domini! Panis vivus, vitam præstans ho-

mini, Præsta me-æ menti de te vive-re, Et te
illi semper dulce sapere. Jesu, quem velatum
nunc aspi-ci-o; O-ro fi-at illud quod tam si-
ti-o, Ut te reve-la-tâ cernens faci-e, Visu sim
be-atus tu-æ glo-ri-æ.

## ECCE PANIS.

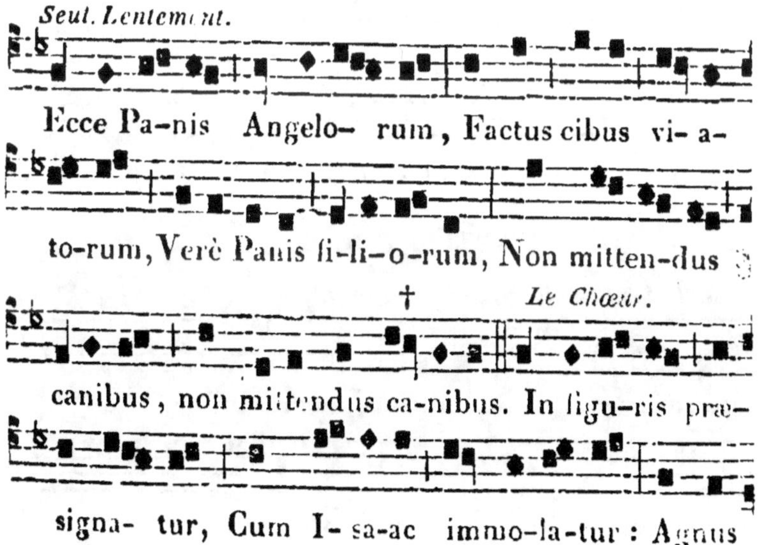

Seul. Lentement.
Ecce Pa-nis Angelo- rum, Factus cibus vi-a-
to-rum, Verè Panis fi-li-o-rum, Non mitten-dus
Le Chœur.
canibus, non mittendus ca-nibus. In figu-ris præ-
signa- tur, Cum I-sa-ac immo-la-tur: Agnus

paschæ deputa- tur : Datur manna    patribus, Datur

*Seul.*

manna pa -tribus. Bone Pastor, Panis ve- rè,

Jesu ,nostrî mi - sere- re : Tu nos pasce, nos tu -e-

re : Tu, nos bo—na  fac vide-re   In terra viven-

*Le Chœur.*

ti-um. Tu qui cuncta  scis et va- les, Qui nos pas-

cis hic morta-les, Tu-os ibi commensa-les, Cohæ-

re- des   et soda- les Fac sanctorum ci-vi-um.

## TANTUM ERGO.

*Seul Lentement.*

Tantùm ergo   sacramentum Veneremur cernu-i ;

Et antiquum documentum Novo ce-dat ritu-i :

Præstet fides supplementum Sensu-um defec-tu- i,
+ Le Chœur.
sensuum defec-tu- i. Geni-tori, geni-toque Laus et
ju- bi- la-ti-o, Salus, honor, virtus quoque, Sit et be-
nedicti- o : Pro-cedenti ab utroque, Compar sit
laudati- o, compar sit lauda- ti- o.

## AUTRE.

Scal.
Tantum ergo Sacramen-tum, Venere-mur cernu-
i, Et antiquum documentum, Novo cedat ri-tu-
i : Præstet fi-des supplementum, Sensu-um defec-
Le Chœur.
tu- i. Geni-to-ri, geni- toque Laus et ju-bi--la-

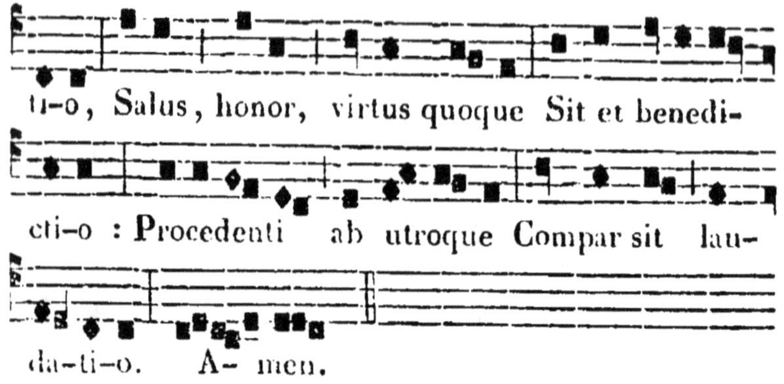


## PANIS ANGELICUS.

inha- bi-tas. A- men.

## ADOREMUS.

*Seul.*

Adore-mus in æter-num sanctissimum Sacra-

*Le Chœur répète :*
Adoremus, etc.

*Seul.*

mentum.　　Laudate Dominum ,

omnes gen-tes, Laudate e-um, omnes po-

*Le Chœur répète :*
Adoremus, etc.

*Seul.*

pu-li.　　Quoni-am confirmata est

super nos mi-sericor-di-a e-　jus, et veri-

tas Domini ma-　　net　in　æter-num.

*Le Chœur répète :*
Adoremus, etc.

*Seul.*

Glori-a Patri,　glori-a Fi-li-

*Le Chœur répète :*
Adoremus, etc.

o, glori-a Spiri-tu-i sancto.

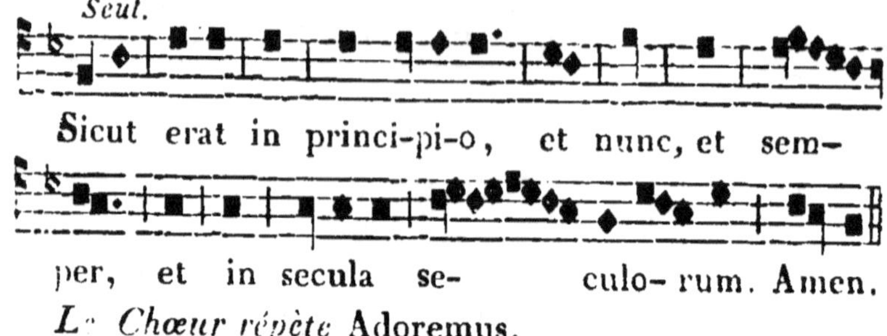


*L Chœur répète* Adoremus.

## AUTRE.

OU BIEN:

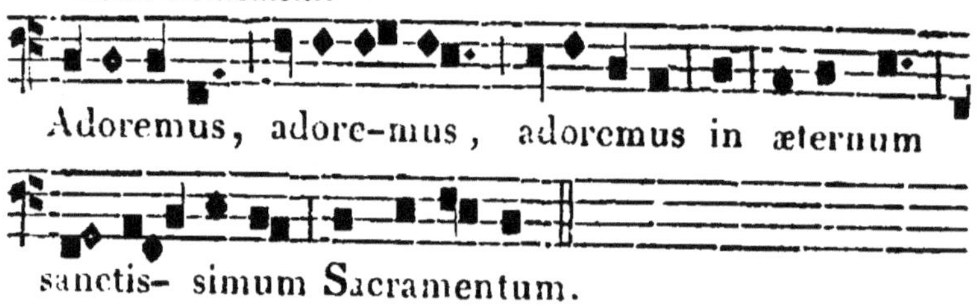

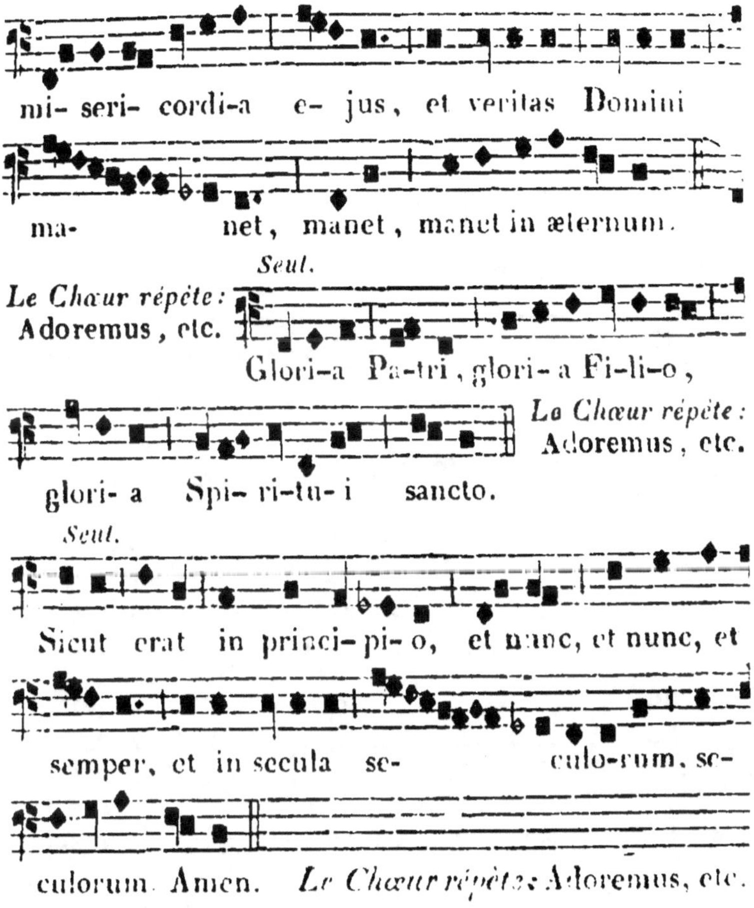

mi- seri- cordi-a  e- jus, et veritas Domini

ma-      net, manet, manet in æternum.

*Seul.*

*Le Chœur répéte :*
Adoremus, etc.

Glori-a Pa-tri, glori-a Fi-li-o,

*Le Chœur répéte :*
Adoremus, etc.

glori- a Spi- ri-tu- i  sancto.

*Seul.*

Sicut erat in princi-pi- o, et nunc, et nunc, et

semper, et in secula se-          culo-rum, se-

culorum. Amen. *Le Chœur répéte : Adoremus, etc.*

## AUTRE.

*Seul. Grave.*

Adore- mus,      a-doremus,  a-doremus in æter-

*Le Chœur répéte :*
Adoremus, etc.

num  sanctis-simum Sacramentum.

Laudate Dominum, omnes gen- tes; Lauda- te
Seul.
Le Chœur répète :
Adoremus, etc.
e-um, omnes popu-li.
Quoni-
am con-firmata est super nos mise-ri-cordi-a e-
jus; et veritas Do- mini ma- net in æ-
Seul.
Le Chœur répète :
Adoremus; etc.
ternum.
Glo-ri-a Pa-tri, glori-
a Fi-li-o, glo- ri-a, glori-a Spiri-tu-i sancto.
Seul.
Le Chœur répète :
Adoremus, etc.
Sicut erat, erat in principi-o, et
nunc, et semper, et in se- cula, se- cula
secu-lorum. Amen.

## PANEM VIVUM.

## ADESTE

### POUR LA FÊTE DE NOEL.

Le Ch. * Natum videte, etc.

En cantat ab alto chorus Angelorum,
Et nos piè cantemus invicem :
* Laus et gloria in excelsis Deo :
Venite, adoremus, venite, adoremus,
Venite, adoremus Dominum.
    *Le Chœur :* * Laus, etc.

En grege relicto, humiles ad cunas
Vocati pastores approperant :
* Et nos ovanti gradu festinemus :
Venite, adoremus, etc.
    *Le Chœur :* * Et nos ovanti, etc.

Æterni Parentis splendorem æternum
Velatum sub carne videbimus,
* Deum infantem pannis involutum ;
Venite, adoremus, etc.
    *Le Chœur :* * Deum infantem, etc.

Pro nobis egenum et fœno cubantem,
Piis foveamus amplexibus.
* Sic nos amantem quis non redamaret ?
Venite, adoremus, etc.
    *Le Chœur :* * Sic nos, etc.

Autre pour le saint jour de Pâques.

Do-minum. *Le Ch.* * Jesum, etc.

 Hæc dies quam fecit pacis Rex benignus,
Lætemur (*bis*), Deo jubilemus;
* Claves habentem mortis et inferni,
Venite, venite, adoremus, venite, venite, venite,
  adoremus Dominum.
 *Le Chœur :* * Claves, etc.

 Captivos, apertis claustris inferorum,
Ovantes (*bis*) educit exilio :
* Vincla rumpentem quibus obligantur,
Venite, venite, etc.
 *Le Chœur:* * Vincla, etc.

 Fixuras clavorum lanceæque plagam
Dat cœco (*bis*) palpandas discipulo:
* Nos cum stupenti Thomâ procumbentes,
Venite, venite, etc.
 *Le Chœur :* * Nos cum, etc.

 Qui es pascha nostrum, immolatus Christus,
Laus tibi (*bis*) sit, amor et gloria ;
* Istum victorem per quem nos vincemus,
Venite, venite, etc.
*Le Chœur :* * Istum victorem, etc.

## AUTRE POUR LA FÊTE DE L'ASCENSION.

num. *Le Ch.* * Jesum, etc.

En nubes occurrit, velat majestatem,
En fores attolluntur ætheris ;
* Jesum ad dextram Patris assidentem,
Venite, adoremus, venite, adoremus, venite, ve-
nite, adoremus Dominum.
*Le Chœur :* * Jesum, etc.

Qui Sancta Sanctorum mediator intrans
Jam Deo mortales conciliat :
* Excelsiorem cœlis Sacerdotem,
Venite, adoremus, etc.
*Le Chœur :* * Excelsiorem, etc.

In terris cum ipso mens una si jungat,
Cœlis una junget nos gloria.

* Omnes ad astra Jesum invitantem ,
Venite, adoremus, etc.
   *Le Chœur :* * Omnes, etc.

Qui olim venturus, sicut abiisti,
Jesu, tibi sit laus et gloria.
* Judicaturum vivos mortuosque ,
Venite, adoremus, etc.
   *Le Chœur :* * Judicaturum, etc.

AUTRE POUR TOUS LES TEMPS DE L'ANNÉE.

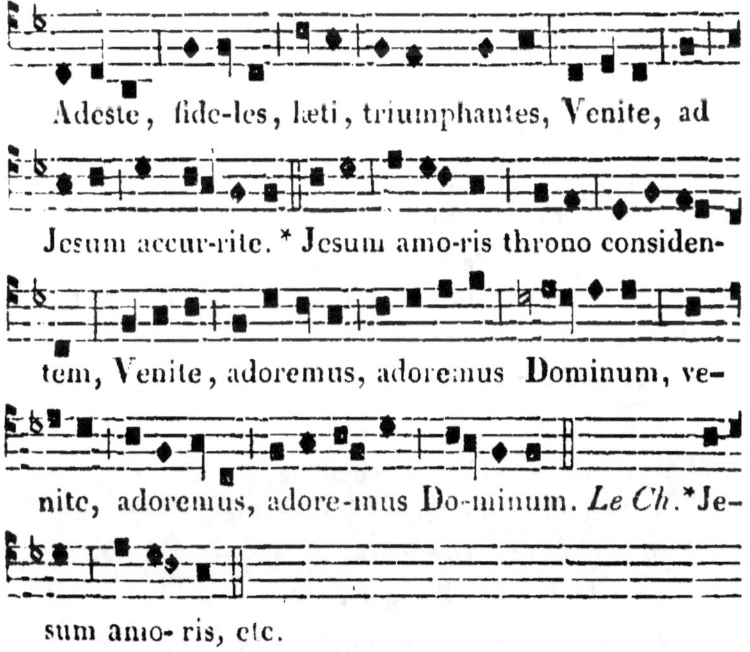


Hic fulmen deponit, velat majestatem,
Hic ægris fit hospes mortalibus,
* Hic panis vivus se dat manducandum.

*Au moment d'une première communion on peut changer la reprise précédente en celle-ci :*

> * Hic nunc parvulis se dat manducandum.
> Venite, adoremus, adoremus Dominum,
> Venite, adoremus, adoremus Dominum.
> > *Le Chœur :* * Hic, etc.
>
> Venite, vos, inquit, vos qui laboratis ;
> Venite, vos ego reficiam.
> * Bonum Pastorem, pium Salvatorem,
> Venite, adoremus, etc.
> > *Le Chœur :* * Bonum, etc.
>
> Adorent immensam terra, pontus, astra,
> Per quam cuncta vivunt potentiam.
> * Nos latitantem in infirmitate,

*Un jour de fête patronale on peut changer la reprise précédente en celle-ci :*

> * Per quem $\left(\begin{array}{l}\text{Patronus noster}\\\text{Patrona nostra}\end{array}\right)$ triumphavit,
> Venite, adoremus, etc.
> > *Le Chœur :* * Nos, etc.
>
> Quot infans emittit in cunis vagitus,
> Quot fundit ad Patrem suspiria,
> * Tot suam signis promit bonitatem,
> Venite, adoremus, etc.
> > *Le Chœur :* * Tot suam, etc.
>
> Quot clavis et pedes et manus forantur,
> Quot et frons et latus vulneribus,
> * Tot ejus clamant ora pietatem,
> Venite, adoremus, etc.
> > *Le Chœur :* Tot ejus, etc.

Olim in Judea, toto nunc in orbe,
Sacra spargit Cordis incendia,
* His corda nostra cupit inflammari ,
Venite, adoremus, etc.
 *Le Chœur :* * His corda, etc.

 Suos sic amantem Jesum redamemus ;
Pro nobis et vivit et moritur ;
* In Jesum spirant cuncta caritatem :
Venite, adoremus, etc.
 *Le Chœur :* * In Jesum, etc.


POUR LE SAINT JOUR DE LA PENTECÔTE.

## VENI SANCTE SPIRITUS.

## Pour la Fête du Sacré-Coeur.

### COR JESU.

# MOTETS POUR LES MESSES DES MORTS.

### ORO SUPPLEX.

*Très-lentement.*

*Seul.*

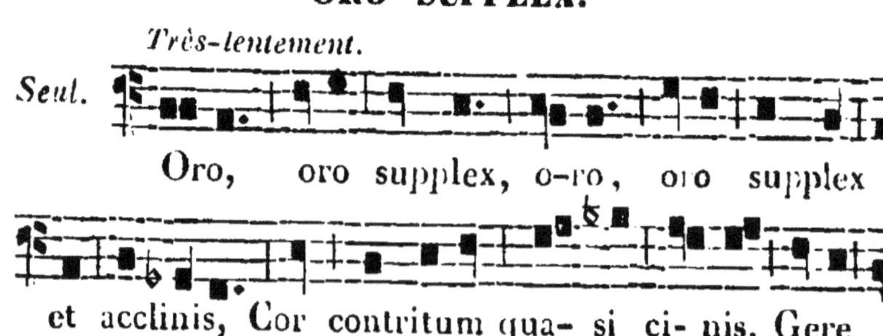

curam, gere, gere curam me-i fi-nis.

*Le Chœur.*

Jesu Salva-tor mundi, exaudi preces sup-

*Seul.*

plicum. Recordare Je-su pi- e, Quòd sum

causa tu-æ vi-æ; Ne me perdas, ne me perdas,

ne me perdas, ne me perdas illà di- e.

O- ro, oro supplex et acclinis.

*Le Chœur.*

Requiem æternam dona e- is, Domine;

et lux perpetu-a lu-ce-at e-is.

## MISEREMINI.

*Seul.*

Mi-sere-mini, mi-seremini me-î, saltèm

## QUI TE SUB ARIS.

victima, Vultu be-are quid tu-o Tardas gementes
fi-li-os?
Le Chœur.
Ut dira quem premit si-tis,
Ardens aquas cervus petit; Amore sic rapti
tu-o, Ardent, anhe-lant te frui.
Seul.
Tu-æ
memor clementi-æ, Sis, Christe, sis placabi-lis :
Sævis pi-atos i-gnibus Cœlo benignus colloca.
Le Chœur.
Si quæ pi-andi criminis, Adhuc manent
vestigi-a, Mundi scelus qui di- lu-is Tu-o cru-o-
re di-lu-e. A- men.

## O SALUTARIS HOSTIA SACRA.

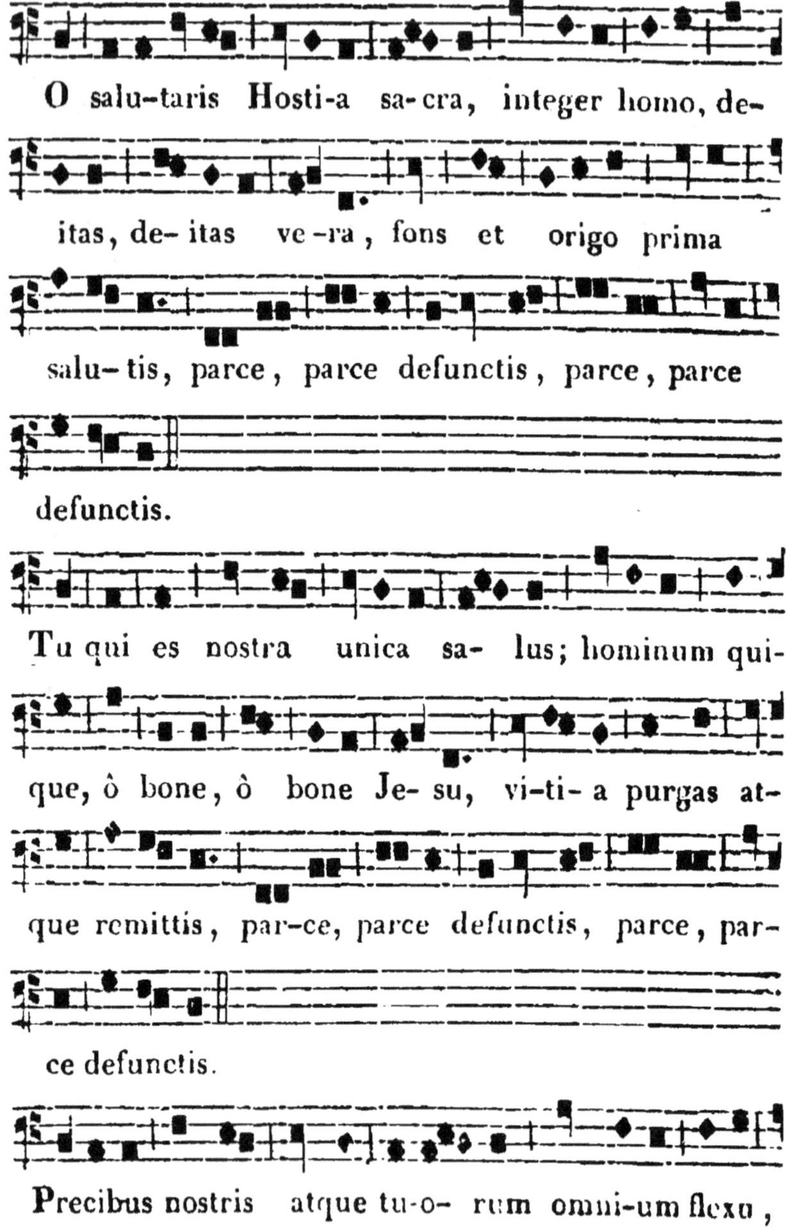

O salu-taris Hosti-a sa-cra, integer homo, de-

itas, de- itas ve -ra, fons et origo prima

salu- tis, parce, parce defunctis, parce, parce

defunctis.

Tu qui es nostra unica sa- lus; hominum qui-

que, ò bone, ò bone Je- su, vi-ti- a purgas at-

que remittis, par-ce, parce defunctis, parce, par-

ce defunctis.

Precibus nostris atque tu-o- rum omni-um flexu,

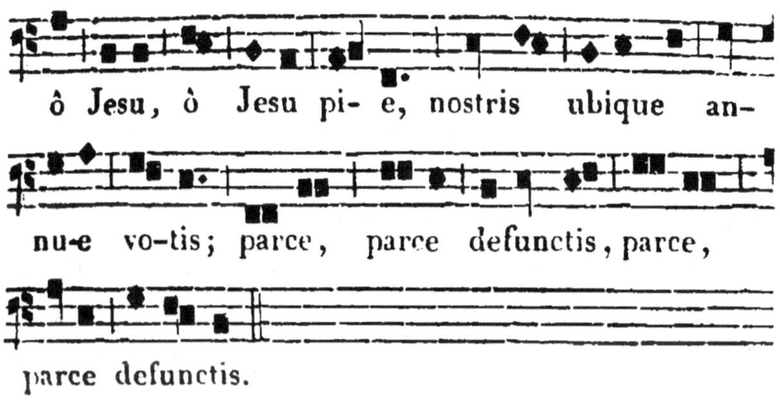
ô Jesu, ô Jesu pi- e, nostris ubique an-
nu-e vo-tis; parce, parce defunctis, parce,
parce defunctis.

## PIE JESU.

Du 6.
Pi- e Jesu, Do-mine, mi-se- rere
Pi- e Jesu, Do-mine, mi-se- rere,
mise-re-re, mi-se-rere, Je-su bo-ne, ani-
mise-re-re, mi-se-rere, Pas-tor bo-ne, ani-
ma-bus de-functo-rum.
ma-bus de-functo-rum.
Pi-e Jesu, Domine, dona e- is requiem
sem- piter- nam.

## DIES IRÆ, *en deux parties.*

# AUTRES MOTETS A PLUSIEURS VOIX.

## O SALUTARIS *en deux parties.*

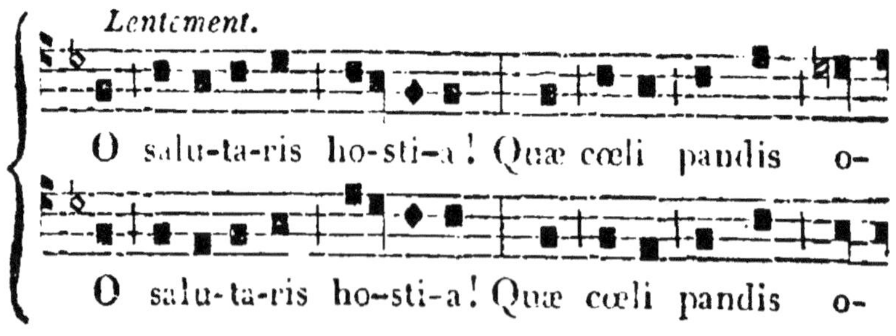

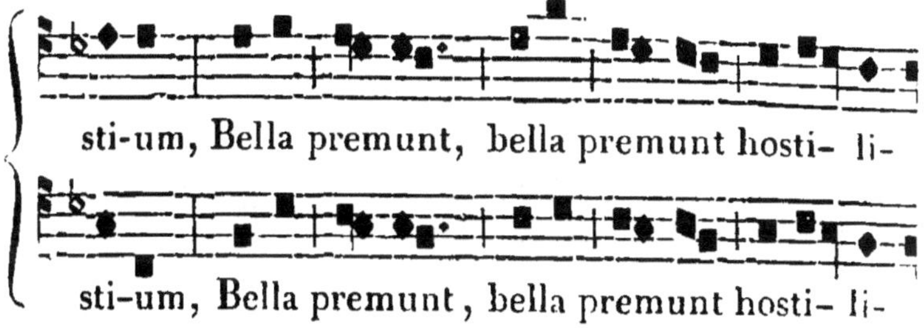
sti-um, Bella premunt, bella premunt hosti- li-
sti-um, Bella premunt, bella premunt hosti- li-

a : Da robur, fer au-xi- li-um , bella pre-
a : Da robur, fer au-xi- li-um , bella pre-

munt, bella premunt hosti-li-a : Da robur, fer
munt, bella premunt hosti- li-a : Da robur, fer

auxi- li-um. Amen, amen.
auxi- li-um. Amen, amen.

## LE MÊME A TROIS PARTIES

## AUTRE EN DEUX PARTIES.

*Lentement.*

### TANTUM ERGO *à deux parties.*

*Seul.*

nu- i , Et antiquum documentum Novo cedat
ri- tu-i.

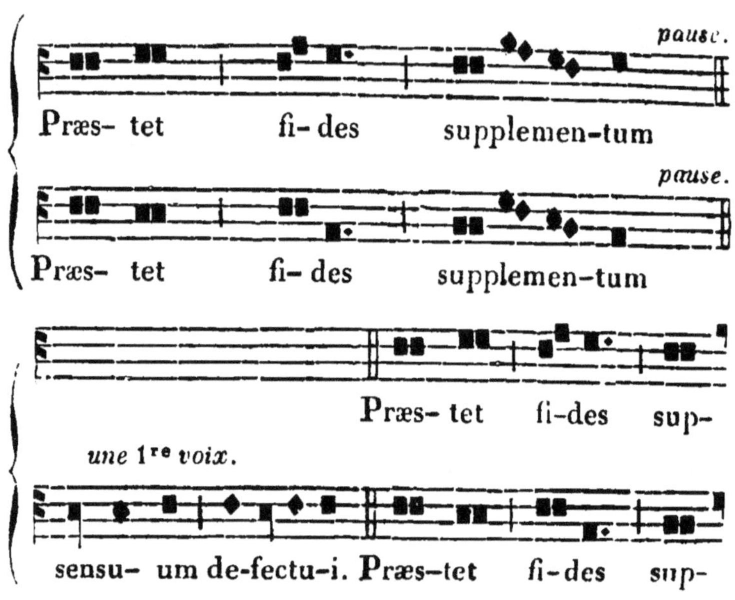
pause.
Præs- tet fi- des supplemen-tum
pause.
Præs- tet fi- des supplemen-tum
Præs- tet fi-des sup-
une 1re voix.
sensu- um de-fectu-i. Præs-tet fi-des sup-

Pause..
ple-mentum Præs-
Pause. une 2e voix.
ple-mentum sen-su- um de-fec-tui Præs-

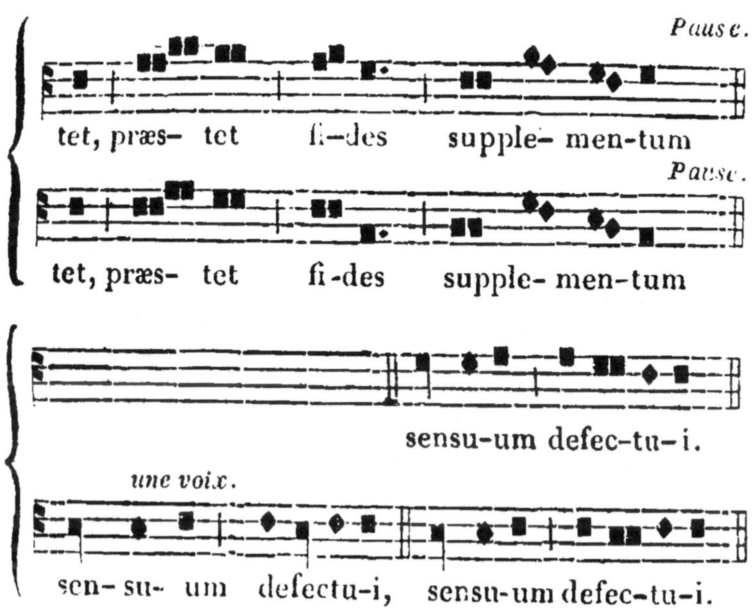


## ADORO TE SUPPLEX, *en deux parties.*

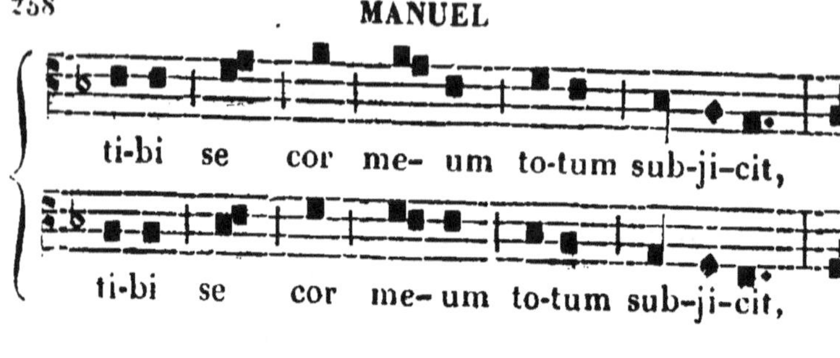

**ADOREMUS**, *en deux parties.*

*Le Chœur répète :* Adoremus.

## INTER VÈSTIBULUM. (*Prière.*)

*Les Chantres.*

*Les Chantres.*

*Les Chantres.*

*Le Peuple répète :* Parce, etc.

*Le Peuple répète* **Parce,** etc.

# RORATE, *(Prière)*

NOTÉ AVEC LA RÉPRISE EN *Trio*, PAR M. TH. DENISET.

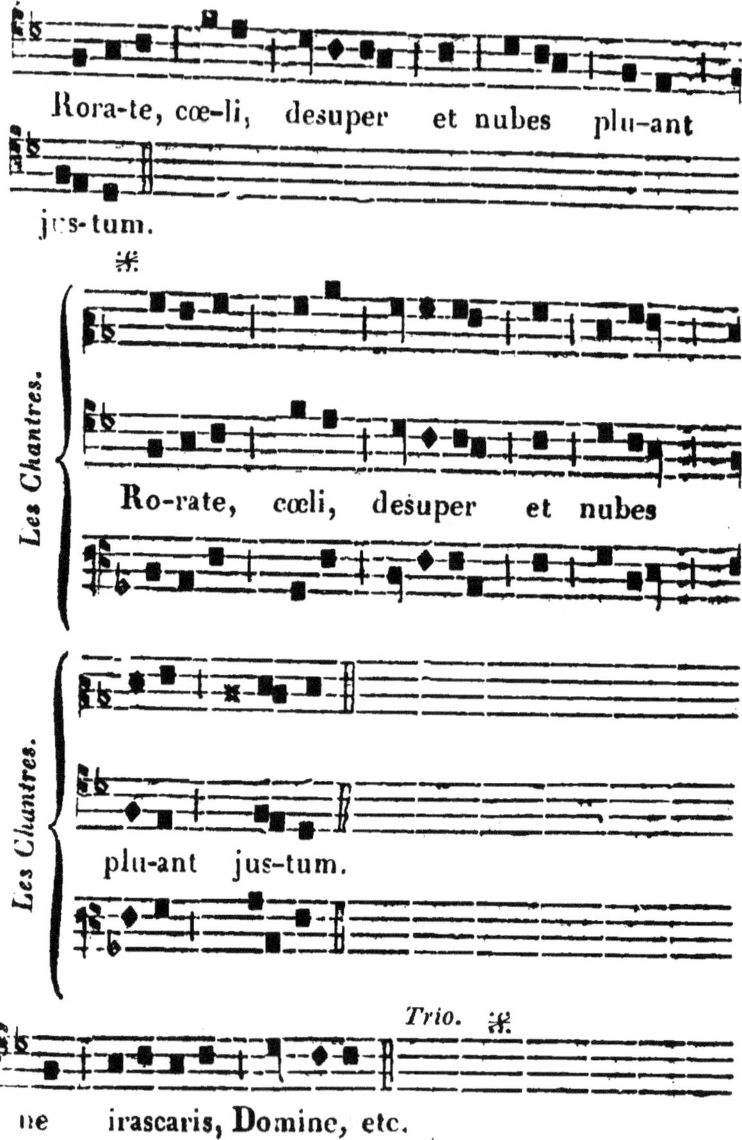


ne    irascaris, Domine, etc.

## ATTENDE, *(Prière)*

### AVEC LA REPRISE EN *Trio.*

## STABAT, *en trois parties.*

## O FILII, *en trois parties.*

## Le Peuple.

## CANTATE DOMINO.

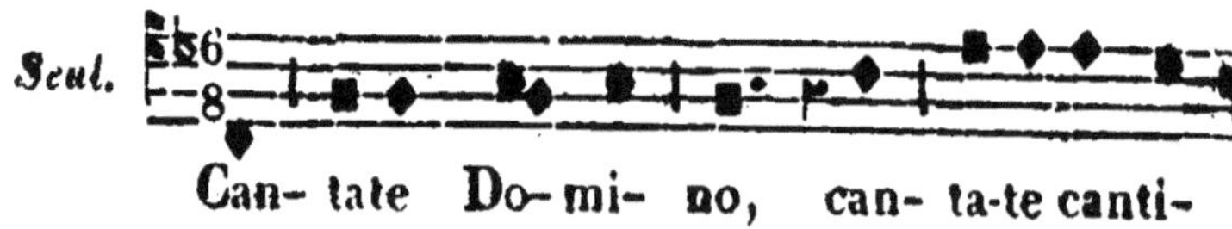

cum no-vum; can- tate Do-mi- no , can—ta-
te can-ticum no- vum.

Can- temus Do- mi- no, can- te-mus can-
Can- temus Do- mi- no, can- te-mus can—

ticum no-vum; can- te-mus Do- mi- no,
ticum no-vum; can- te-mus Do- mi- no

can- temus no-mini e- jus, no-
can- temus no-mini e- jus, no-

*Ici on répète* Cantemus *en deux parties.*

## CANTATE VIRGINI.

cum no-vum, can- tate vir-gi- ni,  can- ta- te
vir-gini Mari-      æ.
Ave,  Virgo,  a-ve,  Mari-  a,  Domi-
Ave,  Virgo,  a-ve,  Mari-  a,  Dominus  te- cum.
nus  te- cum.
Seul.
Laus e- jus resonet  in ecclesi- â
sanc- to-rum,  O  sanc-ta  vir- go,  audi  nos  omnes ad De- um fer pre- ces
nos-      tras,  preces nos-    tras.

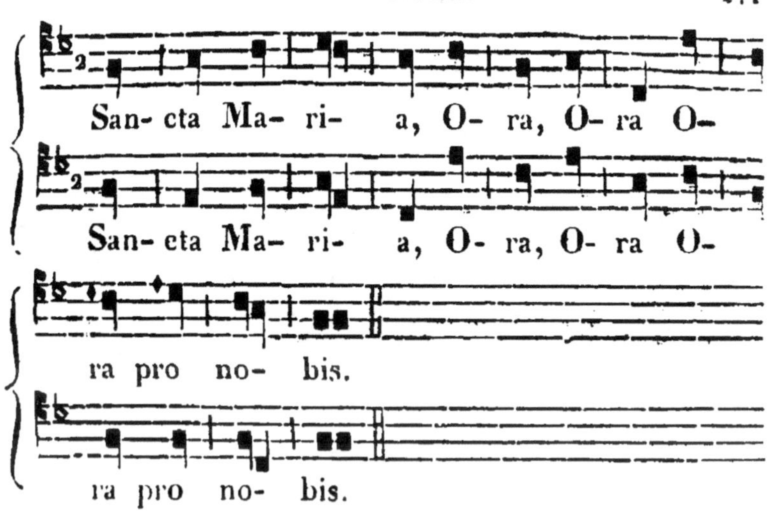


# PRIERE POUR LE ROI.

## DOMINE SALVUM.

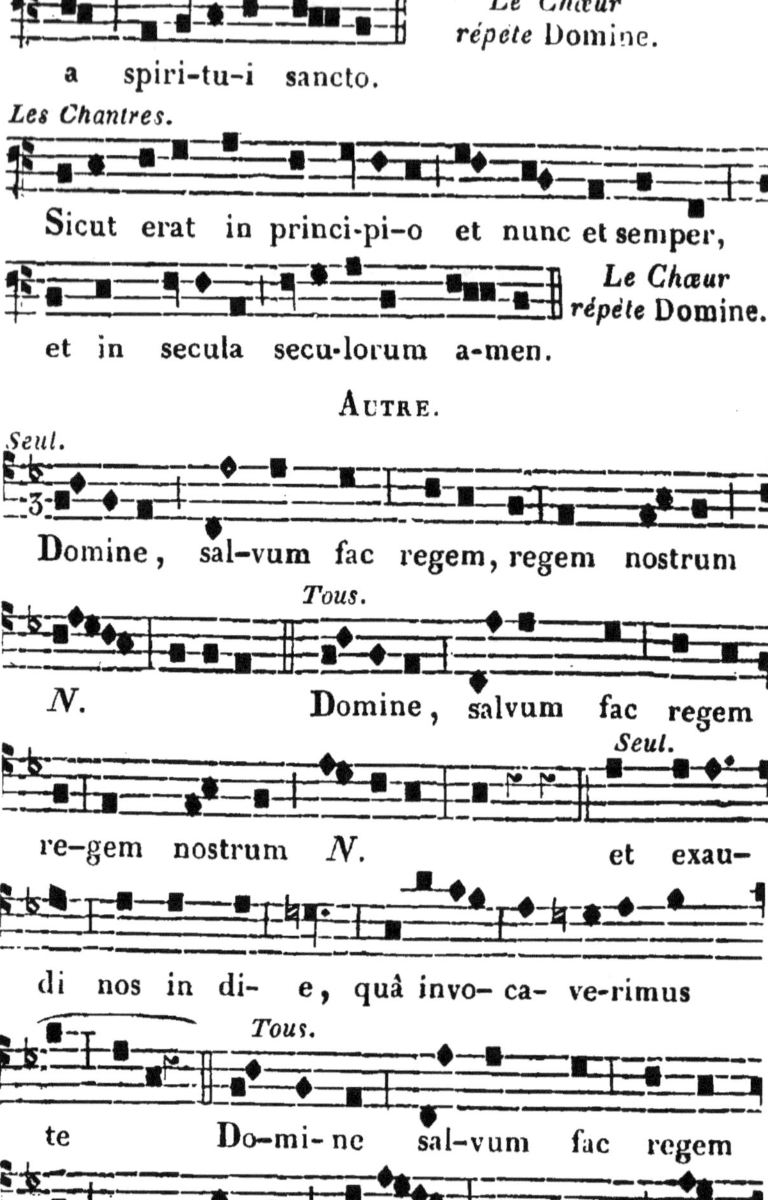

Le Chœur
répète Domine.
a spiri-tu-i sancto.
Les Chantres.
Sicut erat in princi-pi-o et nunc et semper,
Le Chœur
répète Domine.
et in secula secu-lorum a-men.
AUTRE.
Seul.
Domine, sal-vum fac regem, regem nostrum
Tous.
N. Domine, salvum fac regem
Seul.
re-gem nostrum N. et exau-
di nos in di- e, quâ invo-ca- ve-rimus
Tous.
te Do-mi-ne sal-vum fac regem
re-gem nos-trum N. N.

**AUTRE** *en deux parties.*

no-strum N. Domine, sal-vum fac
no-strum N. Domine, sal-vum fac
re-gem, re-gem nostrum, nostrum N.
re-gem, re-gem nostrum, nostrum N.
et exaudi nos, exaudi nos in di-e, quâ
exaudi nos in di-e, quâ
invo-cave-rimus te, quâ in-vo-ca-ve-rimus
invoca-veri-mus te, quâ in-voca-ve-rimus
te. Domi-ne, Do-mine.
te. Domi-ne, Do-mine.

# CANTIQUES ET ANTIENNES

## A LA SAINTE VIERGE.

*Premier Chœur,* Et misericordia, etc.

*Second Chœur,* Fecit potentiam, etc.

*Seul, lent.*

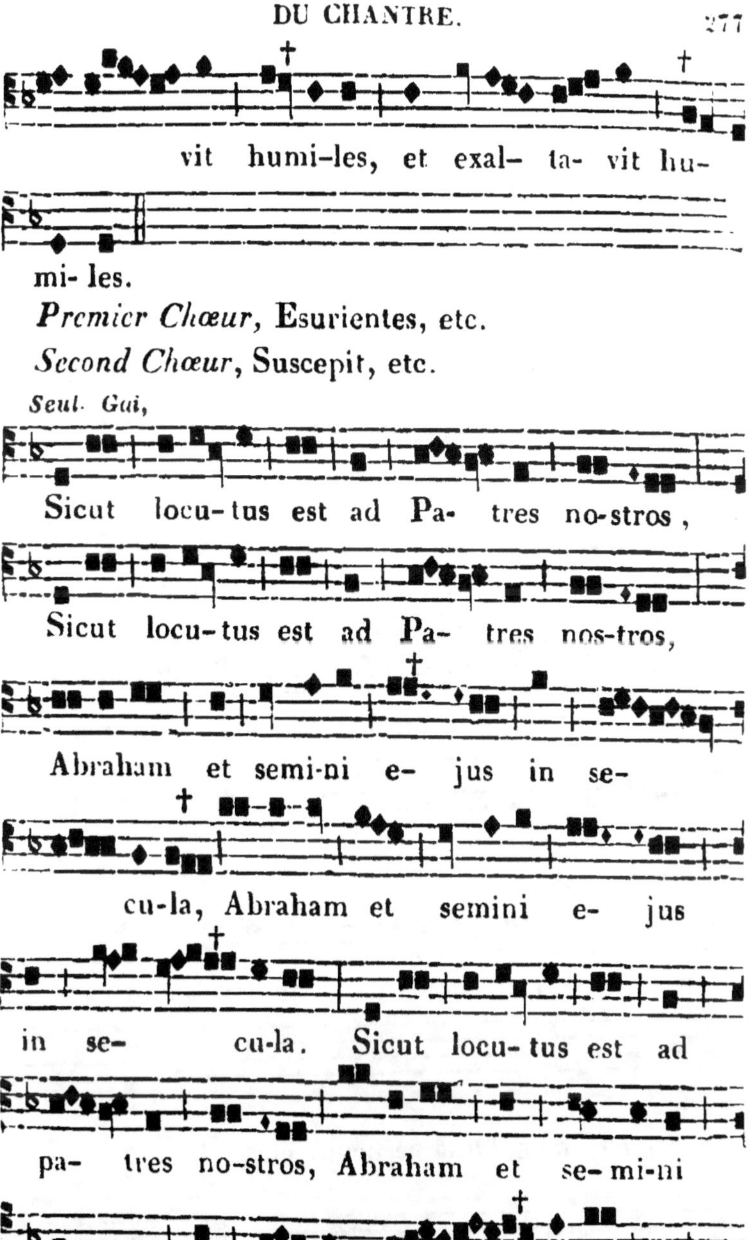



*Premier Chœur,* Esurientes, etc.

*Second Chœur,* Suscepit, etc.

*Seul. Gai,*

13

se-cu-la.

*Premier Chœur,* Gloria Patri, etc.
*Second Chœur,* Sicut erat, etc.

### Autre.

*Seul.*

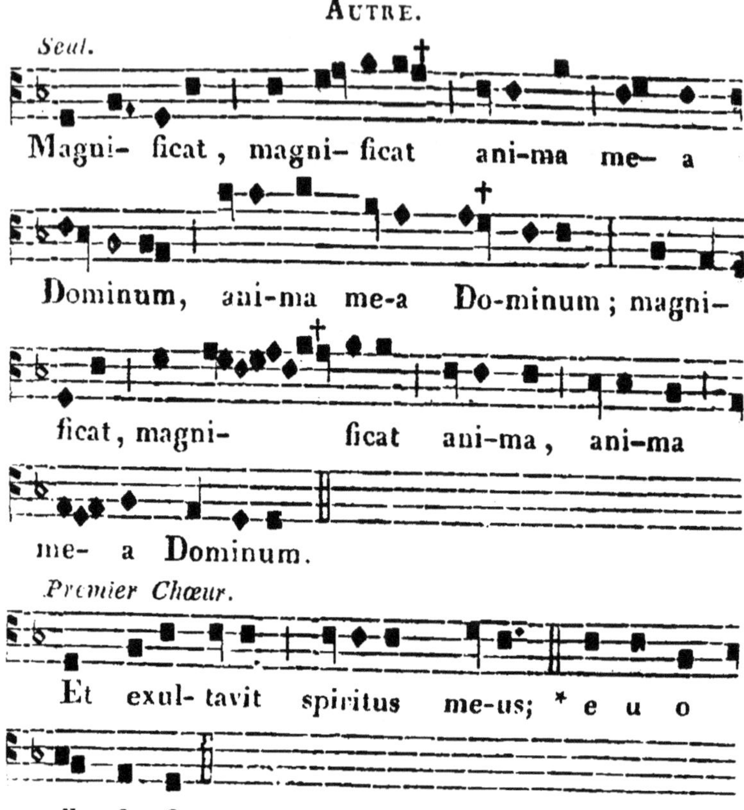



*Premier Chœur.*



*Second Chœur,* Quia respexit, etc.
*Seul.*

*Premier Chœur*, Et misericordia, etc.
*Second Chœur*, Fecit potentiam, etc.

*Premier Chœur*, Esurientes, etc.

*Second Chœur*, Suscepit, etc.

*Premier Chœur*, Gloria, etc.
*Second Chœur*, Sicut erat, etc.

### Autre *du* 6 *en* C.

*Premier Chœur.*

*Second Chœur*, Quia respexit, etc.

*Seul.*

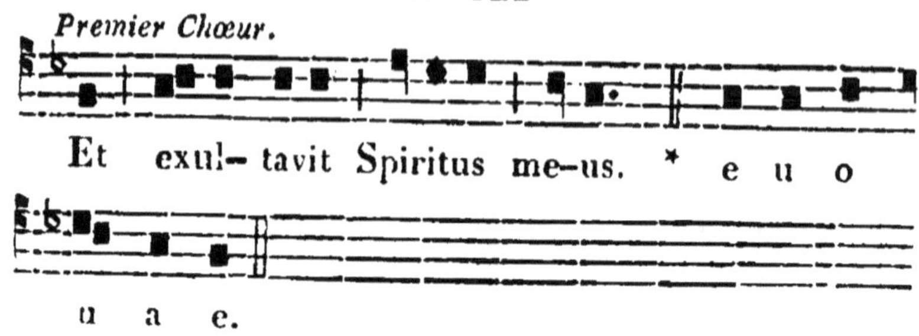

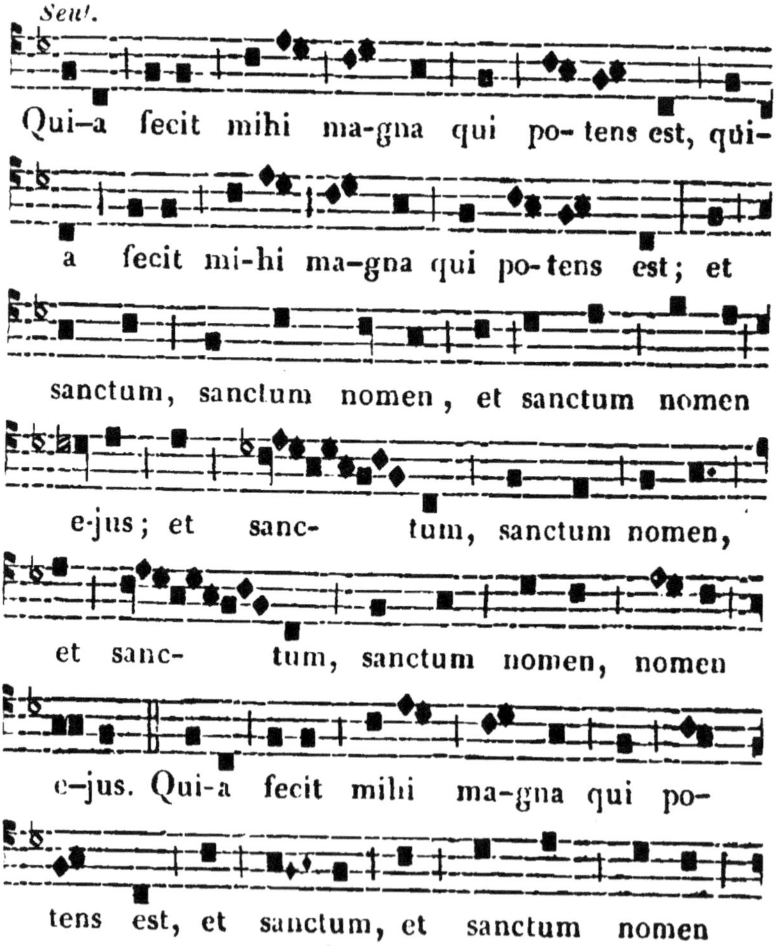

*Premier Chœur,* **Et misericordia ejus, etc.**

*Second Chœur,* **Fecit potentiam, etc.**

*Premier Chœur,* **Esurientes, etc.**

*Second Chœur,* **Suscepit, etc.**

*Premier Chœur*, Gloria, etc.
*Second Chœur*, Sicut erat, etc.

## Autre, *du* i *en* J.

jus, et sanctum, et sanctum nomen e-jus qui-
a fecit mihi magna, qui potens est,
et sanc-tum sanctum nomen, et sanctum no-
men ejus, et sanc- ctum, sanctum nomen,
sanctum nomen ejus.
Premier Chœur.
Et mi-seri-cordi- a e-jus, etc.
Second Chœur.
Fecit poten-ti-am, etc.
Seul.
Deposu-it poten-tes de se-de, et e-xalta-vit,
exal-ta-vit hu-mi-les, et e-xaltavit. exal-ta-

vit hu- miles. Deposu-it poten-tes de
se- de, et exal-ta- vit, et exal- tavit humiles, et exal-ta-vit, exal-tavit, exal-ta- vit hu-
mi-les.
Premier Chœur.
e-su-ri-eu-tes, etc.
Second Chœur.
Susce- pit Isra-el, etc.
Seul. Sicut locu-tus est ad pa-tres nos-tros, ad
pa-tres nostros, Abraham, Abraham et se-mi-
ni e-jus in se- cula, in se- cula.

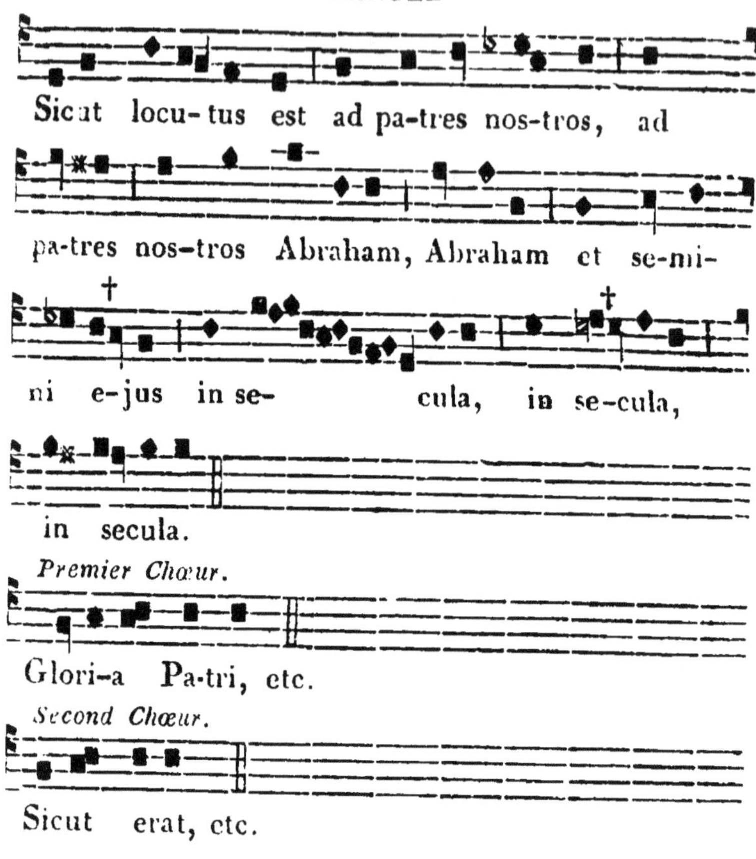

Sicut locu-tus est ad pa-tres nos-tros, ad
pa-tres nos-tros Abraham, Abraham et se-mi-
ni e-jus in se- cula, in se-cula,
in secula.
Premier Chœur.
Glori-a Pa-tri, etc.
Second Chœur.
Sicut erat, etc.

## O MARIA.

Seul. O Mari-a! de quà natus est
Je-sus, invoca Do-minum Le Ch. O, etc.
Seul.
Et loquere regi pro nobis, et libera

## AUTRE.

## SUB TUUM.

pe-ricu-lis    cunctis    libera    nos    semper
virgo  glori-o-  sa      et  benedic-ta.
AUTRE.
Seul.
Sub tu-um præ- sidi-um    confu- gi-mus,
Le Chœur.
sancta   De-i  ge-ni-trix;      Sub tu-um, etc.
Seul.
nos-tras    depreca-ti-ones    ne des-pi-ci-as    in
Le Chœur.
necessita-          tibus;      Sub tu-um ,etc.
Seul.
sed a pe-ricu- lis    cunc-tis    libera    nos   sem-
Le Ch.
per, virgo glori-o-sa      et be-nedic-ta.   Sub
tu-um, etc.

## ALMA.

Lentement.
Du 1.
en A.
Al- ma, re-demptoris
ma-ter, quæ per- vi- a cœ-li porta ma- nes,
et stel- la ma-ris, succur-re cadenti,
sur- gere qui cu-rat po-pu-lo: Tu quæ
ge- nu- is-ti naturâ mirante tu-um sanctum geni-to-rem: virgo pri- ùs ac pos-te-
ri-us, Gabri-e-lis ab o-re sumens illud
Ave, pec-ca-torum mi-se-rere, misere- re.

## AUTRE.

Seul. Al- ma, Al- ma redempto-ris ma-
ter, Le Ch. Quæ per- vi- a cœli porta manes,
et stel-la et stella ma-ris; Seul. Succurre
succurre ca- den-ti, Al-ma, al-ma, al-ma
re-dempto-ris ma- ter. Le Ch. Suc- curre, succurre succurre caden- ti, sur- gere qui curat
po-pulo: Seul. Tu quæ genuis- ti, natura
miran- te, tu-um sanctum geni-to-rem: Le Ch. virgo pri-ùs ac posteri- ùs, Gabri-e-lis ab o-re

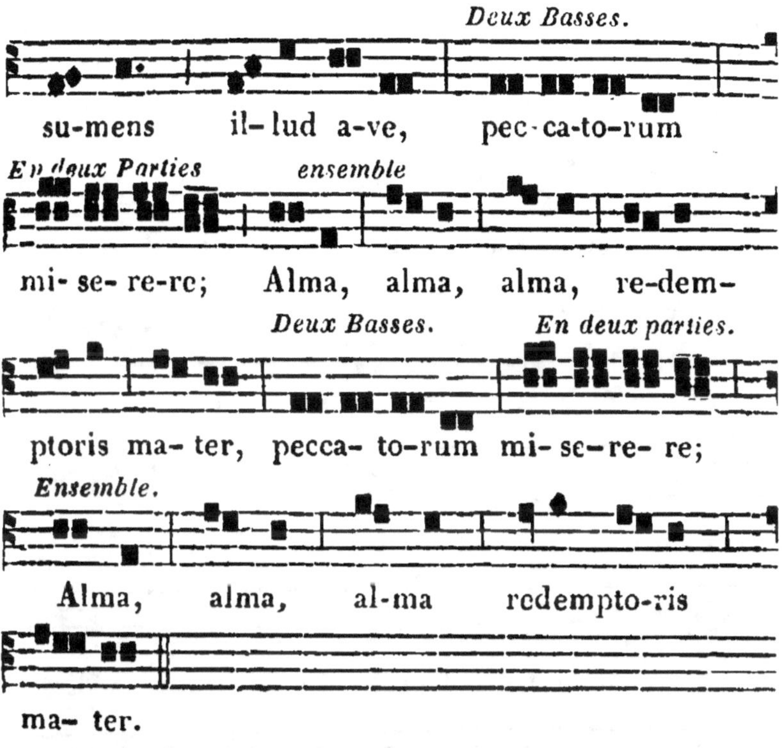
Deux Basses.
su-mens il-lud a-ve, pec-ca-to-rum
En deux Parties ensemble
mi-se-re-re; Alma, alma, alma, re-dem-
Deux Basses. En deux parties.
ptoris ma-ter, pecca-to-rum mi-se-re-re;
Ensemble.
Alma, alma, al-ma redempto-ris
ma-ter.

## REGINA.

Seul. Regina cœli, læta-	re,
Alle-lu-ia, alle-lu-ia. Le Ch. Allelu-ia alle-lu-ia, allelu-ia, alle-lu-ia. Seul. quia
quem me-ru-isti por-ta-	re, alle-

lu-ia, alle-lu-ia Le Ch. Allelu-ia, alle-
lu-ia, allelu-ia, alle- lu-ia. Seul. Re-sur-
rexit. Le Ch. Re surre- xit. Seul. Resurre-
xit. Le Ch. Re-surre- xit. Seul. Resurre-
xit. Le Ch. Si-cut di-xit, Seul. Alle-
lu-ia, alle-lu-ia. Le Ch. Allelu-ia, alle-
En deux parties.
lu-ia, al-lelu-ia, alle- lu-ia. O-ra
pro no-bis De- um. Seul. Allelu-ia, Alle-
En deux parties.
lu-ia O-ra pro no-bis De- um. Seul. Allelu-

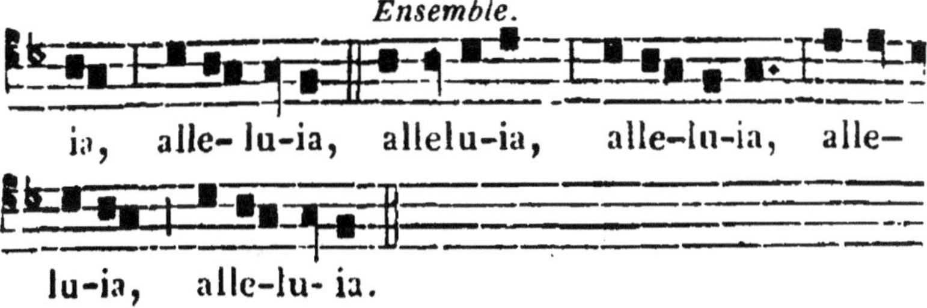

Ensemble.
ia, alle- lu -ia, allelu -ia, alle-lu-ia, alle-
lu-ia, alle-lu- ia.

## SALVE.

Seul.
Sal- ve,
Le Chœur.
Salve,
Seul.
Sal- ve, regi -na,
Le Chœur.
Mater, mater miseri- cordi- æ, ma-ter, mater
mi-seri-cordi-æ,
Seul.
vi-ta, dulce-do et spes nostra, et spes nostra,
salve, sal-ve, salve.

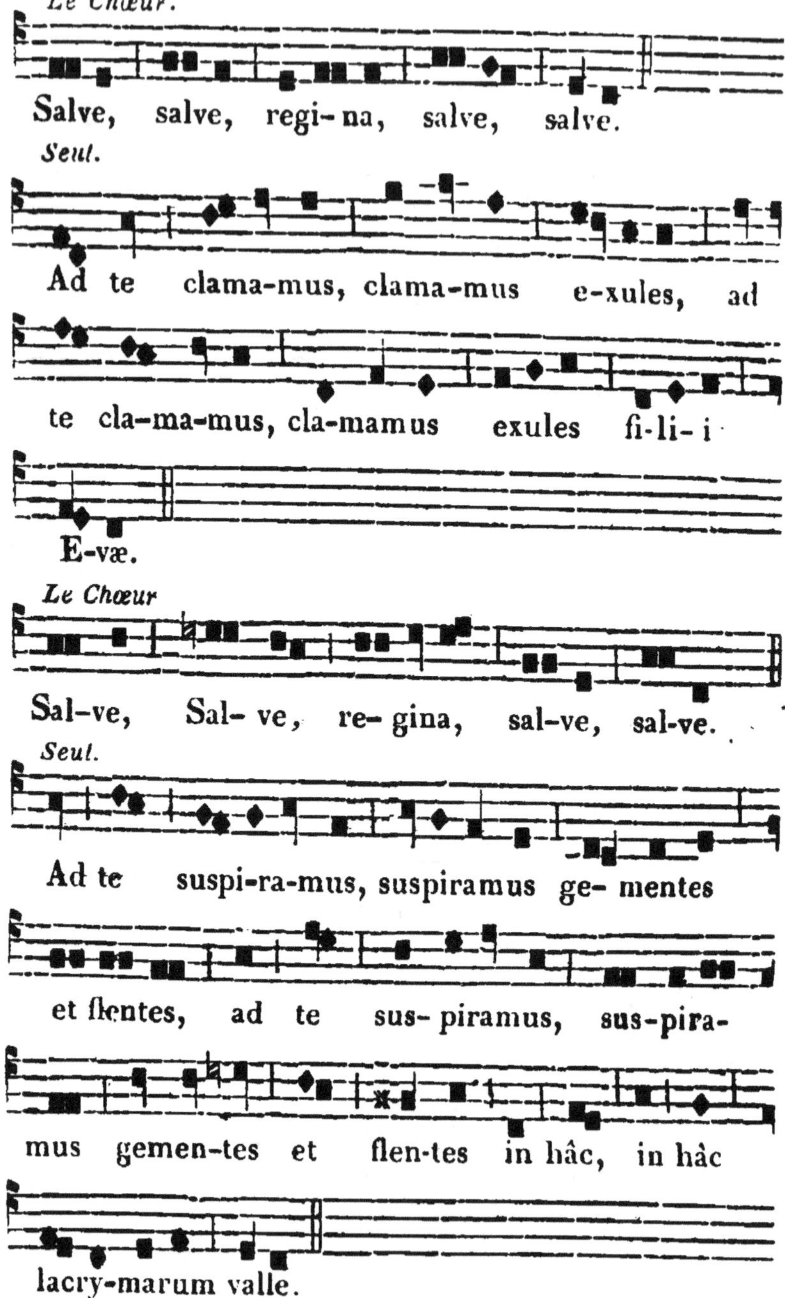
Le Chœur.
Salve, salve, regi-na, salve, salve.
Seul.
Ad te clama-mus, clama-mus e-xules, ad
te cla-ma-mus, cla-mamus exules fi-li- i
E-væ.
Le Chœur
Sal-ve, Sal- ve, re- gina, sal-ve, sal-ve.
Seul.
Ad te suspi-ra-mus, suspiramus ge- mentes
et flentes, ad te sus- piramus, sus-pira-
mus gemen-tes et flen-tes in hâc, in hâc
lacry-marum valle.

Le Chœur.
Seul
Sal-ve, salve, regi-na, sal-ve, salve. Ei- a
ergo, ad- vocata nostra. ad- voca-ta advo-
cata nostra, illos tu- os mise- ricor- des
ocu-los ad nos converte, ad nos converte.
Le Chœur.
Salve, salve, regi-na, salve, sal-ve.
Seul.
et Je- sum, et Je-sum, et Je-sum benedic-
tum, fructum ventris tu- i, et Jesum, et
Jesum benedictum, fructum ventris tu- i, et
Jesum benedictum, fruc-tum ventris tu- i
nobis post hoc exi-li-um, nobis post hoc

exi-li-um ostende , ostende.
Le Chœur.
Salve, salve regi- na, Salve salve.
Seul.
O cle-mens !
Le Chœur.
O pi- a !
Seul.
O dul- cis !
Le Chœur.
Dulcis virgo Ma-ri- a.
Seul.
Salve, regina, salve.
Le Chœur.
Salve, salve, sal- ve, salve.

# AUTRE,

### DE LA COMPOSITION DE M. MOISSON, CHANOINE DE LA CATHÉDRALE D'ÉVREUX.

vo- ca- ta, advoca- ta nostra, illos tu- os
pause. pause.
miseri-cordes ocu-los ad nos, ad nos, ad
nos converte, salve, salve, re-gi-na, salve.
Le Ch. et Je- sum benedictum fructum
ventris tu- i nobis post hoc e-xi-li-um ostende. Seul. O clemens! Le Ch. O pi- a!
Seul. O dul-cis virgo Mari- a!
Le Ch. O dulcis! Seul. O dul-cis virgo
Ensemble.
Mari- a, Salve. Sal- ve.

## SALVE DE LA TRAPPE POUR LES GRANDS SOLENNELS.

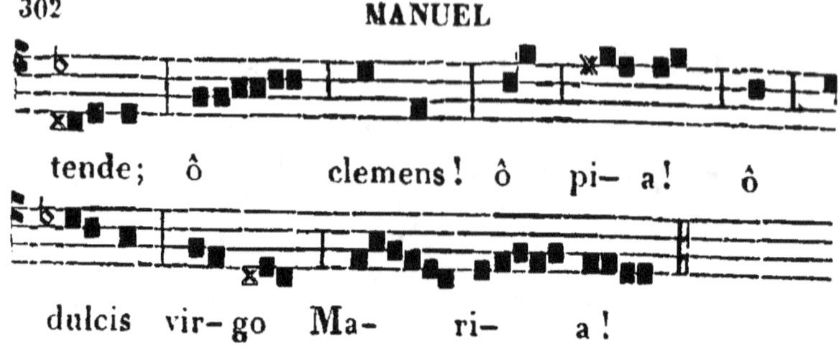


## SALVE POUR LES PETITS SOLENNELS.

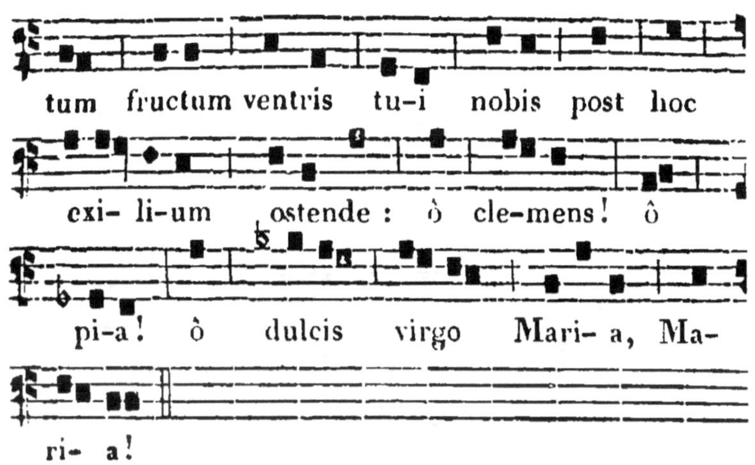


## BENEDICAMUS.

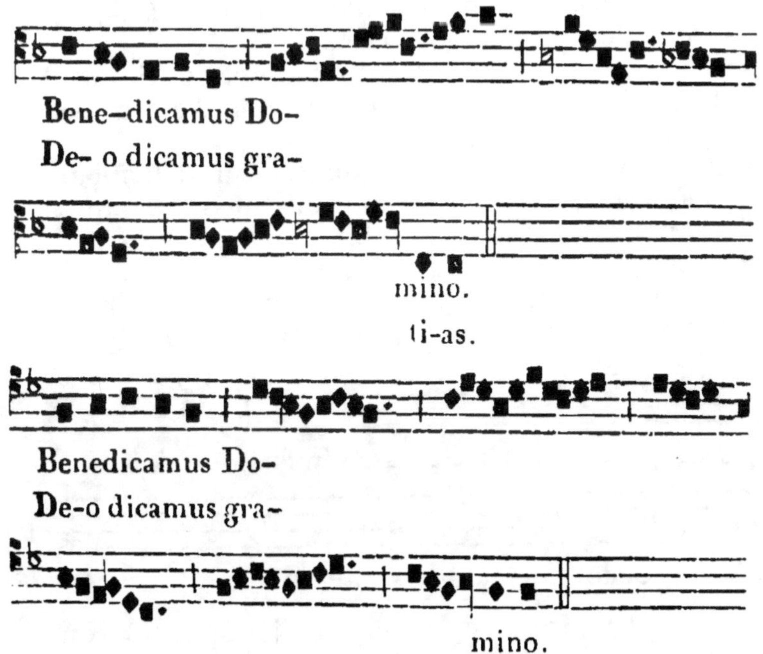

# VÊPRES



## DIMANCHE ET DES PRINCIPALES FÊTES

### DE L'ANNÉE.

## LE DIMANCHE.

### *A VÉPRES.*

PSAUME 109.

Dixit Dóminus Dómino meo : * Sede à dextris meis ;

Donec ponam inimícos tuos * scabellum pedum tuórum.

Virgam virtútis tuæ emittet Dóminus ex Sion : * domináre in médio inimicórum tuórum.

Tecum princípium in die virtútis tuæ, in splendóribus Sanctórum : * ex útero ante lucíferum génui te.

Jurávit Dóminus, et non pœnitébit eum : * Tu es Sacerdos in æternum secundùm órdinem Melchísedech.

Dóminus à dextris tuis : * confrégit in die iræ suæ reges.

Judicábit in natiónibus, implébit ruínas : * conquassábit cápita in terra multórum.

De torrente in via bibet : * proptérea exaltábit caput.

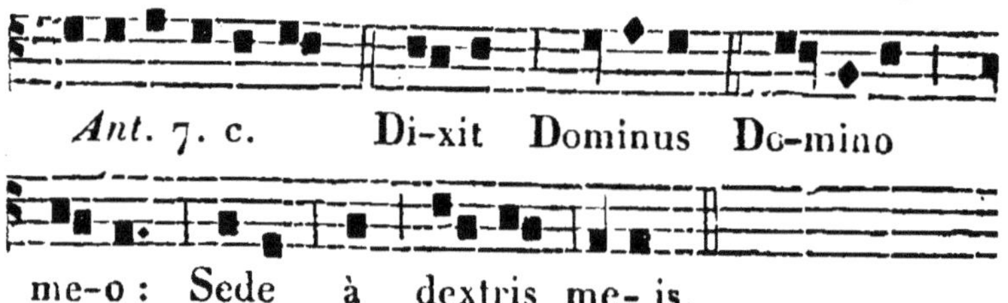


PSAUME 110.

Confitebor tibi, Dómine, in toto corde meo, * in

concílio justórum et congregatióne.

Magna ópera Dómini, *

exquisíta in omnes voluntátes ejus.

Conféssio et magnificéntia opus ejus ; * et justítia ejus manet in séculum séculi.

Memóriam fecit mirabílium suórum miséricors et miserátor Dóminus : * escam dedit timéntibus se.

Memor erit in séculum testamenti sui : * virtútem óperum suórum annuntiábit pópulo suo.

Ut det illis hæreditátem géntium ; * ópera mánuum ejus véritas et judícium.

Fidélia ómnia mandáta ejus, confirmáta in séculum séculi , * facta in veritáte et æquitáte.

Redemptiónem misit pópulo suo : * mandávit in æternum testamentum suum.

Sanctum et terríbile nomen ejus : * inítium sapiéntiæ timor Dómini.

Intellectus bonus ómnibus faciéntibus eum : * laulátio ejus manet in séculum séculi.

PSAUME 111.

BEATUS vir qui timet Dómini , * in mandátis ejus volet nimis.

Potens in terra erit semen ejus : * generátio rectórum benedicétur.

Glória et divítiæ in domo ejus, * et justítia ejus manet in séculum séculi.

Exortum est in ténebris lumen rectis : * miséricors. et miserátor, et justus.

Jucundus homo qui miserétur et cómmodat, dispónet sermónes suos in judício ; * quia in æternum non commovébitur.

In memória æterna erit justus ; * ab auditióne mala non timébit.

Parátum cor ejus speráre

in Dómino; confirmátum est cor ejus : * non commovébitur donec despíciat inimícos suos.

Dispersit, dedit paupéribus; * justítia ejus manet in séculum séculi : cornu ejus exaltábitur in glória.

Peccátor vidébit, et irascétur, déntibus suis fremet et tabescet : * desidérium peccatórum períbit.

#### PSAUME 112.

Laudate, púeri, Dóminum; * laudáte nomen Dómini.

Sit nomen Dómini benedictum, * ex hoc nunc, et usque in séculum.

A solis ortu usque ad occásum, * laudábile nomen Dómini.

Excelsus super omnes gentes Dóminus, * et super cœlos glória ejus.

Quis sicut Dóminus Deus noster, qui in altis hábitat, * et humília réspicit in cœlo et in terra?

Súscitans à terra ínopem, * et de stércore érigens páuperem;

Ut cóllocet eum cum princípibus, * cum princípibus pópuli sui.

Qui habitáre facit stérilem in domo, * matrem filiórum lætantem.

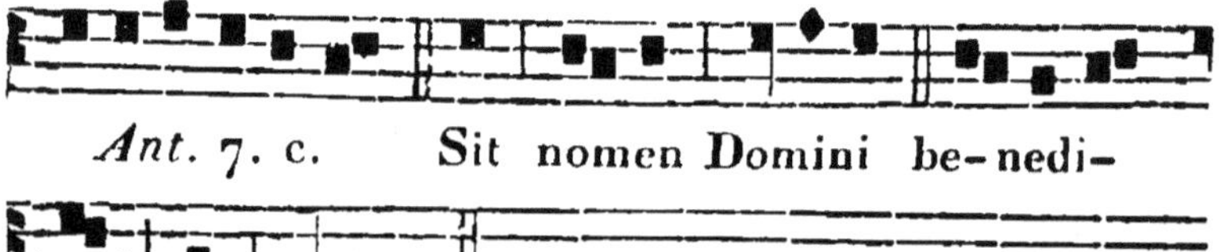


#### PSAUME 113.

In éxitu Israel de Ægypto, * domûs Jacob de pópulo bárbaro.

Facta est Judæa sanctificátio ejus, * Israel potestas ejus.

Mare vidit, et fugit : *

Jordánis conversus est retrorsùm.

Montes exultavérunt ut aríetes, * et colles sicut agni óvium.

Quid est tibi, mare, quod fugisti ? * et tu , Jordánis , quia conversus es retrorsùm?

Montes, exultastis sicut aríetes ? * et colles , sicut agni óvium ?

A fácie Dómini mota est terra , * à fácie Dei Jacob ;

Qui convertit petram in stagna aquárum , * et rupem in fontes aquárum.

Non nobis, Dómine, non nobis ; * sed nómini tuo da glóriam super misericórdia tua et veritáte tua ;

Nequando dicant gentes : * Ubi est Deus eórum ?

Deus autem noster in cœlo : * ómnia quæcumque vóluit , fecit.

Simulácra géntium . argentum et aurum , * ópera mánuum hóminum.

Os habent, et non loquentur : * óculos habent, et non vidébunt.

Aures habent, et non áudient : * nares habent, et non odorábunt.

Manus habent , et non palpábunt ; pedes habent,

et non ambulábunt : * non clamábunt in gútture suo.

Símiles illis fiant qui fáciunt ea , * et omnes qui confídunt in eis.

Domus Israel sperávit in Dómino : * adjútor eórum et protector eórum est.

Domus Aaron sperávit in Dómino : * adjútor eórum et protector eórum est.

Qui timent Dóminum, speravérunt in Dómino : * adjútor eórum et protector eórum est.

Dóminus memor fuit nostrî , * et benedixit nobis.

Benedixit dómui Israel ; * benedixit dómui Aaron.

Benedixit ómnibus qui timent Dóminum, * pusillis cum majóribus.

Adjíciat Dóminus super vos , * super vos et super fílios vestros.

Benedicti vos à Dómino : * qui fecit cœlum et terram.

Cœlum cœli Dómino : * terram autem dedit fíliis hóminum.

Non mórtui laudábunt te. Dómine, * neque omnes qui descendunt in infernum.

Sed nos qui vívimus , benedícimus Dómino, * ex hoc nunc, et usque in séculum.

*Ant.* 1 A. Nos qui vi-vimus, benedici-

Hic ceu profundâ cónditi
Demérgimur calígine :
Æternus at noctem suo
Fulgóre depellet dies.
    Hunc nempe nobis præ-
        paras,
Nobis reservas hunc diem ;
Quem vix adumbrat splén-
        dida
Flammantis astri cláritas.
    Moráris, heu ! nimis diù ;
Moráris, optátus dies :

Ut te fruámur, nóxii
Linquenda moles córporis.
    His cùm solúta vínculis
Mens evolárit, ô Deus !
Vidére te , laudáre te,
Amáre te non désinet.
    Ad omne nos apta bonum,
Fœcunda donis Trínitas :
Fac lucis usúræ brevi
Æterna succédat dies.
    Amen.

CANTIQUE DE LA SAINTE VIERGE.

Magnificat * ánima mea
Dóminum ;
    Et exultávit spíritus meus*
in Deo salutári meo ;
    Quia respexit humilitá-
tem ancillæ suæ : * ecce
enim ex hoc beátam me di-
cent omnes generatiónes.
    Quia fecit mihi magna
qui potens est * et sanctum
nomen ejus.

Et misericórdia ejus à
progénie in progénies * timéntibus eum.
    Fecit poténtiam in brá-
chio suo : * dispersit super-
bos mente cordis sui.
    Depósuit potentes de se-
de , * et exaltávit húmiles.
    Esurientes implévit bo-
nis , * et dívites dimísit iná-
nes.

Suscépit Israel púerum suum, * recordátus misericórdiæ suæ;

Sicut locútus est ad patres nostros, * Abraham, et sémini ejus in sécula.

# LE PETIT OFFICE DE LA SAINTE VIERGE.

## *A VÊPRES.*

*Ps.* Dixit, *p.* 304. *Ps.* Laudáte, *p.* 306.

**PSAUME 121.**

Lætatus sum in his quæ dicta sunt mihi : * In domum Dómini íbimus.

Stantes erant pedes nostri, * in átriis tuis, Jerúsalem.

Jerúsalem quæ ædificátur ut cívitas, * cujus participátio ejus in idipsum.

Illuc enim ascendérunt tribus, tribus Dómini, * testimónium Israel, ad confiténdum nómini Dómini :

Quia illic sedérunt sedes in judício, * sedes super domum David.

Rogáte quæ ad pacem sunt Jerúsalem ; * et abundántia diligéntibus te.

Fiat pax in virtúte tua, * et abundántia in túrribus tuis.

Propter fratres meos, et próximos meos, * loquébar pacem de te.

Propter domum Dómini Dei nostri, * quæsívi bona tibi.

**PSAUME 126.**

Nisi Dóminus ædificáverit domum, * in vanum laboravérunt qui ædíficant eam.

Nisi Dóminus custodíerit civitátem, * frustrà vígilat qui custódit eam.

Vanum est vobis ante lucem súrgere : * súrgite postquam sedéritis, qui manducátis panem dolóris, cùm déderit dilectis suis somnum.

Ecce hæréditas Dómini, fílii : * merces, fructus ventris.

Sicut sagittæ in manu potentis, * ita fílii excussórum.

Beátus vir qui implévit desidérium suum ex ipsis : * non confundétur, cùm loquétur inimícis suis in porta.

**PSAUME 147.**

Lauda, Jerúsalem, Dóminum : * lauda Deum tuum, Sion ;

Quóniam confortávit seras portárum tuárum ,* benedixit fíliis tuis in te.

Qui pósuit fines tuos pacem ,* et ádipe frumenti sátiat te;

Qui emittit elóquium suum terræ ,* velóciter currit sermo ejus;

Qui dat nivem sicut lanam ,* nébulam sicut cínerem spargit;

Mittit crystallum suam sicut buccellas : * ante fáciem frígoris ejus qui sustinébit ?

Emittet verbum suum , et liquifáciet ea : * flabit spíritus ejus et fluent aquæ.

Qui annúntiat verbum suum Jacob , * justítias et judícia sua Israel.

Non fecit táliter omni natióni , * et judícia sua non manifestávit eis.

# LE JOUR DE NOEL.

## A VÉPRES.

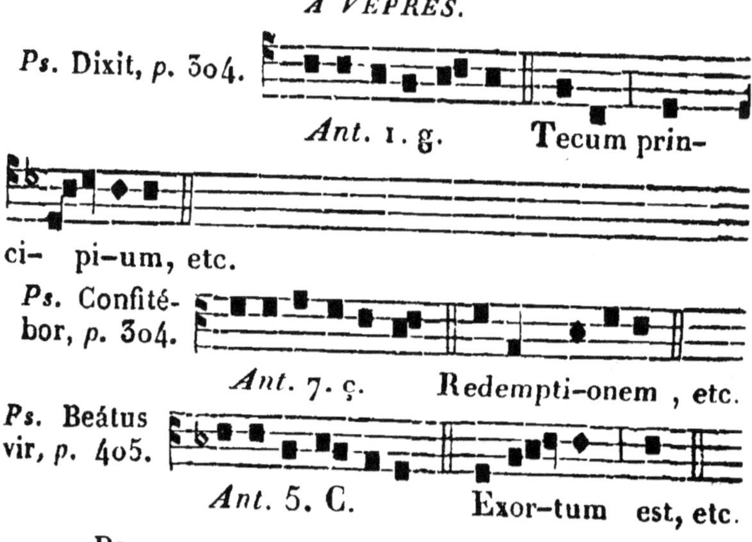


**PSAUME 129.**

De profundis clamávi ad te, Dómine ; * Dómine, exaudi vocem meam.

Fiant aures tuæ intendentes * in vocem deprecatiónis meæ.

Si iniquitátes observáveris, Dómine ; * Dómine, quis sustinébit ?

Quia apud te propitiátio est ; * et propter legem tuam sustínui te, Dómine.

Sustínuit ánima mea in verbo ejus ; * sperávit ánima mea in Dómino.

A custódia matutína usque ad noctem, * speret Israel in Dómino.

Quia apud Dóminum misericórdia, * et copiósa apud eum redémptio.

Et ipse rédimet Israel * ex ómnibus iniquitátibus ejus.

*Ant.* 4. A.     Apud Dominum, etc.

PSAUME 131.

MEMENTO, Dómine, David, * et omnis mansuetúdinis ejus ;

Sicut jurávit Dómino, * votum vovit Deo Jacob :

Si introíero in tabernáculum domûs meæ, * si ascéndero in lectum strati mei :

Si dédero somnum óculis meis, * et pálpebris meis dormitatiónem ;

Et réquiem tempóribus meis, donec invéniam locum Dómino, * tabernáculum Deo Jacob.

Ecce audívimus eam in Ephrata : * invénimus eam in campis sylvæ.

Introíbimus in tabernáculum ejus, * adorábimus in loco ubi stetérunt pedes ejus.

Surge, Dómine, in réquiem tuam ; * tu et arca sanctificatiónis tuæ.

Sacerdótes tui induantur justítiam, * et sancti tui exultent.

Propter David servum tuum, * non avertas fáciem Christi tui.

Jurávit Dóminus David veritátem, et non frustrábitur eam : * De fructu ventris in pónam super sedem tuam.

Si custodíerint fílii tui testamentum meum ; * et testimónia mea hæc quæ docébo eos ;

Et fílii eórum usque in séculum * sedébunt super sedem tuam.

Quóniam elégit Dóminus Sion : * elégit eam in habitatiónem sibi.

Hæc réquies mea in séculum séculi ; * hìc habitábo quóniam elégi eam.

Víduam ejus benedícens benedícam ; * páuperes ejus satúrabo pánibus.

Sacerdótes ejus induam

salutári;*et sancti ejus exul-
tatióne exultábunt.

Illuc prodúcam cornu
David; * parávi lucernam
Christo meo.

Inimícos ejus induam
confusióne; * super ipsum
autem efflorébit sanctificátio mea.

Tu nostra pax et glória,
Spes una tu mortálium,
Intende quas tibi preces
De cordis ara fúndimus.

Qui córporis nostri volens
Nascendo formam súscipis,
Divinitátis nos simul
Das esse consortes tuæ.

Ad illud evectos decus
Tuére fratres; dégener
Ne vita sontes prístinam
In vilitátem déprimat.

Hoc sancta te poscit dies,
Ortùs dies tui memor,
Quâ lúcido surgens toro

Sol verus orbem vísitas.

Nunc ergo terra, nunc
    polus,
Vastíque tractus æquoris,
Qui te dedit, festis Patrem
Laudáre certant cánticis.

Et nos, perennis ô quibus
Salútis auctor násceris,
Faustum triumpháli juvat
Ornáre concentu diem.

¶ Qui natus es de Vírgine,
Jesu, tibi sit glória
Cum Patre, cumque Spíritu,
In sempiterna sécula.
    Amen.

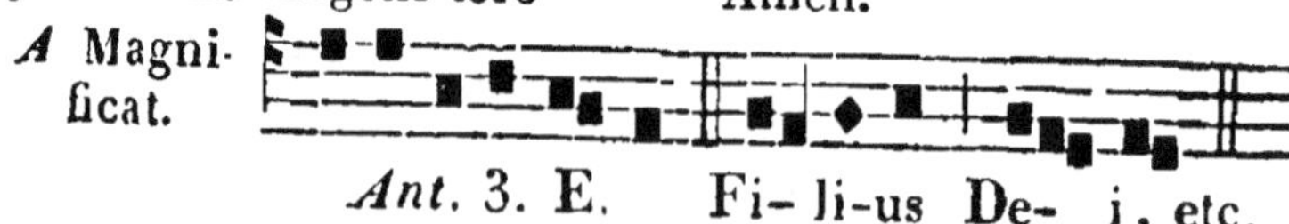

# LA CIRCONCISION DE N. S.

*A VÉPRES.*

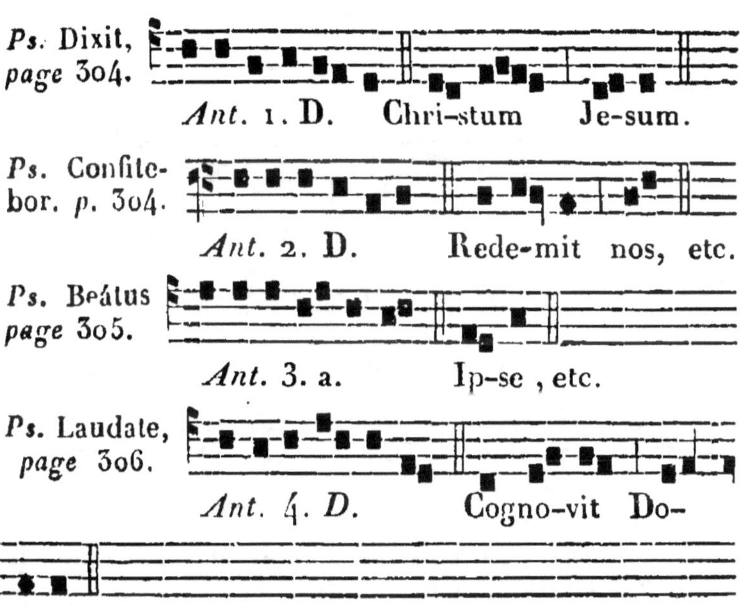


minus, etc.

**PSAUME 137.**

Confiteor tibi, Dómine, in toto corde meo; * quóniam audisti verba oris mei.

In conspectu Angelórum psallam tibi ; * adorábo ad templum sanctum tuum,

Et confitébor nómini tuo super misericórdia tua et veritáte tua; * quóniam magnificasti super omne, nomen sanctum tuum.

In quacumque die invocávero te, exaudi me : * multiplicábis in ánima mea virtútem.

Confiteantur tibi , Dómine, omnes reges terræ ,* quia audiérunt ómnia verba oris tui ;

Et cantent in viis Dómini, * quóniam magna est glória Dómini,

Quóniam excelsus Dóminus, et humília réspicit, *

et alta à longè cognoscit.

Si ambulávero in médio tribulatiónis , vivificábis me; * et super iram inimicórum meórum extendisti manum tuam , et salvum me fecit déxtera tua.

Dóminus retríbuet pro me ; * Dómine , misericórdia tua in séculum ; ópera mánuum tuárum ne despícias.

Non álterum mortálibus Ægris quod ínvocent datum. Resúrgerent quo mórtui, Perenne per quod víverent.

TANTI quod illi cónstitit, Toto quod emptum sán-guine, Nostro-ne rursum crímine Insána gens delébimus?

Sacro-pati pro nómine,

Summi sit instar múneris : Amára non mors ámpliùs, Fit mors per hoc amábilis.

Tu qui vocári sústines, Jesu, salus mortálium, Audi vocantes nos, tuo Qui glóriámur nómine.

¶ Qui natus es de Vírgine, page 312.

# L'ÉPIPHANIE DE N. SEIGNEUR.

*A VÊPRES.*

*Ps.* Dixit,
*p.* 304.

*Ps.* Laudate,
pueri, *p.* 306.

### PSAUME 116.

Laudate Dóminum, omnes gentes ; * laudáte eum omnes pópuli.

Quóniam confirmáta est super nos misericórdia ejus,* et véritas Dómini manet in æternum.

*Ps.* Lætátus
sum, *p.* 309.

*Ps.* Confitebor....
quoniam, *p.* 313.

HYMNE.
Du 4.

En vestræ præeunt pri-
mítiæ Magi;
Vatum dicta patent : exitiá-
libus
Errórum ténebris óbsita gens
diù,
Miro lúmine spárgitur.
   Ambo sic pópuli dissociá-
bilis
Quos dudum páries séparat,
únicum
In corpus cóeunt. Hoc pró-
prium modò
Ambóbus máneat decus!
   O arcána Dei consília!
ô tuo
Deturbáta gradu, primus
amor Dei,
Plebs Judæa, tuis glória
Géntium
Damnis, vítaque násci-
tur.

Jam natíva óleæ bráchia
décidunt,
Rami degéneres, germen
adúlterum;
Miráturque novos, sémine
non suo,
Arbor créscere súrculos.
   Nos radix óleæ sústinet;
Ah! cave,
Qui stas, ne stérili defícias
fide,
Tu ramos véteres ínsere
dénuò;
Tu serva, Deus, ínsitos.
   Qui nos membra sacri
córporis éfficit,
Sit laus summa Patri : laus
quoque Fílio,
Cujus membra sumus : quo
vigor ínfluit
Membris, laus tibi, Spíritus.
Amen.

*A* Magni-
ficat.
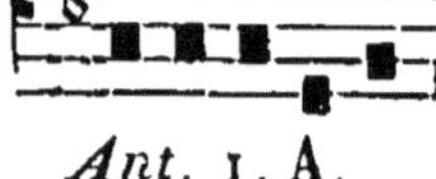

*Ant.* 1. A.    Manife- stè, etc.

# LE SAINT JOUR DE PAQUE.

## *A VÉPRES.*

# L'ASCENSION DE N. SEIGNEUR.

## *A VÉPRES.*

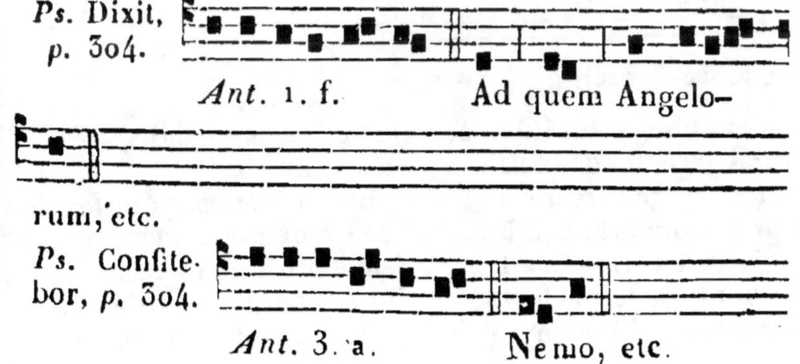

Jam nube vectus fulgidâ,  
Terras jacentes déspicis :  
Educta longo cárcere  
Regem sequuntur ágmina.  
   Mirante turmâ Cœlitûm,  
Panduntur æternæ fores ;  
Ovansque sublímem Patris

Homo Deus scandis thro-  
   num.  
   Illic patrónus, póntifex,  
Pacis sequester, quem tua  
Semel profúdit cáritas,  
Offerre pergis sánguinem.  
   Illinc adornas et foves

Ecclésiam, sponsus, tuam;
Cunctisque vitam dívidis,
Infúsa ceu mens ártubus.
Illinc tot inter prælia
Periclitatem sústines :
Das militanti víncere,
Palmam triumphanti paras.
Qvo, Christe, præcédis caput,
Huc íntegrum corpus vocas :
Vestígiis tritam tuis

Fac membra sectentur viam.
¶ Qui victor ad cœlum redis,
Jesu, tibi sit glória,
Cum Patre, cumque Spíritu,
In sempiterna sécula.
Amen.
℣. Excelsus super omnes gentes Dóminus, ℟. Et super cœlos glória ejus.

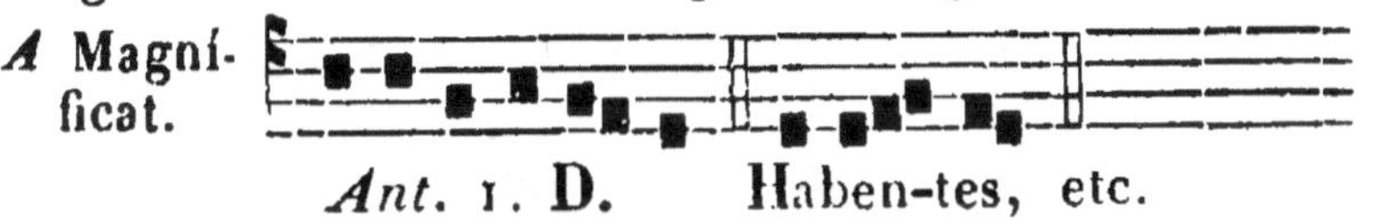

*A* Magní-
ficat.

*Ant.* 1. D.     Haben-tes, etc.

# LE SAINT JOUR DE LA PENTECOTE.

*A VÊPRES.*

*Ps.* Dixit Dómi-
nus, *p.* 304.

*Ant.* 4. E.     Dex- terâ, etc.

*Ps.* Laudáte
púeri, *p.* 306.

*Ant.* 1. A.     Sancti- fica- ti

es- tis, etc.

*Ps.* In éxitu,
page 306.

*Ant.* 3. a.     Signa- ti es-tis, etc.

Hymne.
Du 5.

Qvo vos magis tri glori- a, quò salus

Invi-tat orbis, sancta cohors. De-i Porta-te

verbum vos repos-cit Prima seges, pi- a cu-

ra fratrum.

Proh ! quanta messis prótinus éxtitit !
Ter mille verbum concípiunt viri :
Deóque maturante, reddunt
Multíplicem, bona terra, fructum.

Compuncta passim péctora flétibus
Mœrent amáris, atque piáculo
Ardent salutáris lavácri
Prætéritas abolére labes.

At non Hebræis limítibus sacer,
Hærébit ardor. Sol habitábiles
Quà lustrat oras, hàc triumphis
Matéries patet ampla vestris.

Jam mille divûm templa solo ruunt :

Cedit superbæ vis sapiéntiæ ;
Cedunt tyranni : victa cedit
Carníficum rábies furentùm.

Novum potentis grátia Spíritûs
Creávit orbem : nos quoque, nos tuæ
Succendat ardor caritátis,
Alme Deus, renovetque totos.

Sit summa Patri, súmmaque Fílio :
Sit, sancte, compar laus tibi, Spíritus,
Quo dura mitescunt, novasque
Concípiunt pia corda flammas. Amen.

℣. Confirma hoc, Deus, quod operátus es in nobis,
℟. A templo tuo in Jerúsalem.

*A* Magní- ficat.

*Ant.* 1. D.  Det vobis De- us, etc.

# LA SAINTE TRINITÉ.

*A VÉPRES.*

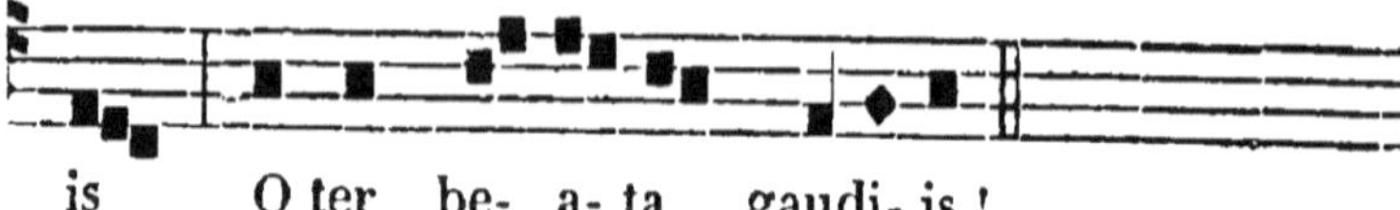


O vera semper Unitas !
O una semper Véritas !
O sancta semper, quæ bonum
Diffundis omne, Cáritas !
Te densa circùm núbila,
Te circùm inaccessum Jubar.
Quod intùs ardent Angeli
Circùm trementes cérnere.
Te confitétur in tuo
Et plebs renáta nómine :
Firmâque prælíbat fide
Amor quod ambit præmium.

Da posse quod jubes, Pater ;
Da scire, Fili, quod doces ;
Fac corde toto, Spíritus,
Nos velle quod probas bonum.
Præsta, Pater piissime,
Patríque compar Unice,
Sancto simul cum Spíritu
Regnans per omne séculum.
Amen.

℣. Benedictum nomen majestátis ejus in æternum ;
℟. Et replébitur majestáte ejus omnis terra.

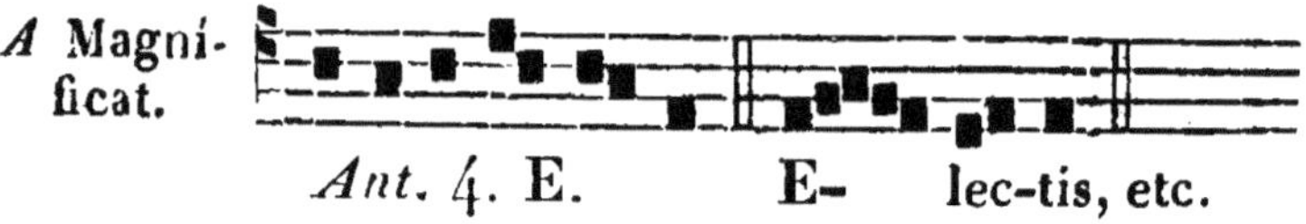


# LA FÊTE DU SAINT SACREMENT.

*A VÉPRES.*

#### PSAUME 115.

CREDIDI propter quod locútus sum ; * ego autem humiliátus sum nimis.

Ego dixi in excessu meo :* Omnis homo mendax.

Quid retríbuam Dómino, * pro ómnibus quæ retríbuit mihi?

Cálicem salutáris accípiam, * et nomen Dómini invocábo.

Vota mea Dómino reddam coram omni pópulo ejus : * pretiósa in conspectu Dómini mors sanctórum ejus.

O Dómine, quia ego servus tuus : * ego servus tuus, et fílius ancillæ tuæ.

Dirupisti vincula mea ; * tibi sacrificábo hóstiam laudis, et nomen Dómini invocábo.

Vota mea Dómino reddam in conspectu omnis pópuli ejus, * in átriis domûs Dómini, in médio tui, Jerúsalem.

*Ant.* 4. E.     Hic est, etc.

#### PSAUME 127.

BEATI omnes qui timent Dóminum, * qui ámbulant in viis ejus.

Labóres mánuum tuárum quia manducábis, * beátus es, et bene tibi erit.

Uxor tua sicut vitis abundans * in latéribus domûs tuæ.

Fílii tui sicut novellæ olivárum * in circúitu mensæ tuæ.

Ecce sic benedicétur homo * qui timet Dóminum.

Benedicat tibi Dóminus ex Sion ; * et vídeas bona Jerúsalem ómnibus diébus vitæ tuæ.

Et vídeas fílios filiórum tuórum, * pacem super Israel.

*Ant.* 5. a.     Qui mandu-cat, etc.

*Ps.* Lauda, p. 3o6.

*Ant.* 6. F.     Be-a-tus, etc.

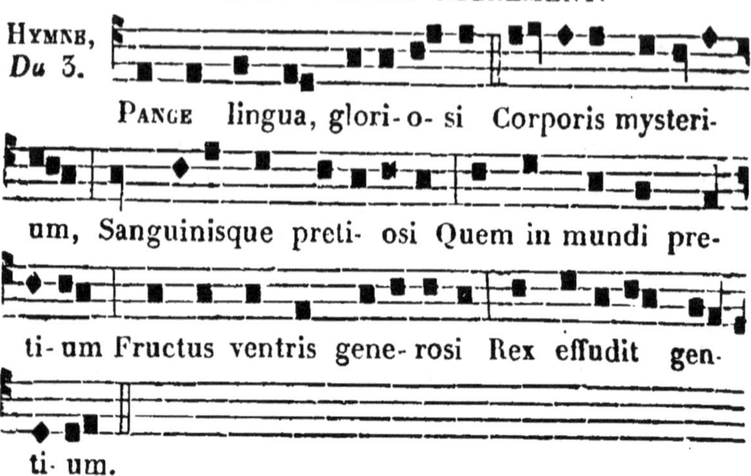


Hymne, Du 3.

Nobis datus, nobis natus
Ex intacta Vírgine,
Et in mundo conversátus,
Sparso verbi sémine,
Sui moras incolátùs
Miro clausit órdine.

In suprémæ nocte cœnæ,
Recumbens cum frátribus,
Observátà lege plenè,
Cibis in legálibus;
Cibum turbæ duodénæ
Se dat suis mánibus.

Verbum caro, panem ve-
rum
Verbo carnem éfficit :
Fitque sanguis Christi me-
rum ;
Et si sensus déficit,
Ad firmandum cor sincé-
rum

Sola fides súfficit.

Tantum ergo Sacramen-
tum
Venerémur cérnui ;
Et antíquum documentum
Novo cedat rítui :
Præstet fides supplemen-
tum
Sénsuum deféctui.

Genitóri, Genitóque
Laus et jubilátio,
Salus, honor, virtus quo-
que,
Sit et benedíctio :
Procedenti ab utróque
Compar sit laudátio.
Amen.

℣. Filii tui sicut novellæ
olivarum . ℟. In circuitu
mensæ tuæ.

A Magní-
ficat.

Ant. 5. C.     E-go , etc.

# LA FÊTE DE S. PIERRE ET DE S. PAUL.

*A VÉPRES.*

Sævit tyrannus; at triumphant victimæ :

Alter per ensem victor, alter per crucem,

Cœlo corónam laureáti póssident,

Fususque sanguis Christiános séminat.

Superba sordent Cæsares cadávera,

Queis urbs litábat ímpii cultùs ferax :

Apostolórum gloriátur óssibus,

Fixamque adórat cóllibus suis crucem.

Nunc, ô cruóre purpuráta nóbili,

Novisque felix Roma conditóribus,

Horum trophæis aucta, quantò vériùs

Regína fulges orbe toto cívitas!

Sit sempiterno sempiterna laus Patri :

Sit sempiternum Fílio Patris decus :

Qui nectis ambos æquus ambóbus, tibi,

Divíne, sit laus sempiterna, Spíritus. Amen.

℣. Príncipes populórum congregáti sunt ℟. Cum Deo Abraham.

A Magníficat.

# L'ASSOMPTION DE LA SAINTE VIERGE.

*A VÉPRES.*

Ps. Dixit Dóminus, *page* 304.

Ps. Laudáte púeri, p. 306.
Ant. 2. D. Surrexit Rex, etc.
Ps. Lætátus sum, p. 309.
Ant. 3 a. Ha-bu- it gra- ti-
am, etc.
Ps. Nisi Dó-minus, p. 309.
Ant. 4. E. Rex de-dit
Regi- næ, etc.
Ps. Lauda Jerú-salem, p. 309.
Ant. 5. C. Benedixe-runt
e- am, etc.
Hymne. Du 2.
O vos æthe- re- i plaudite ci- ves:
Hæc est illa di-es clara tri-umplio, Quâ Matrem
placidâ morte so-lu- tam Na-tus side- re-â

suscipit aulâ.

Quæ non, Virgo, tibi
  dona rependit!
Cœli divítias éxplicat om-
  nes :
Verbum vestíeras carne ; vi-
  cissim
Te Verbum próprio lúmine
  vestit.
  Qui velo látuit carnis,
  aperti
Pleno te sátiat Núminis
  haustu :
Et quem virgíneo lacte ci-
  basti,
In jugem tibi dat se Deus
  escam.
  O concessa tibi quanta
  potestas !
Per te quanta venit grátia
  terris!
Cunctis cœlítibus célsior
una,
Solo facta minor, Virgo,
  Tonante.
  Quæ Regina sedes, proxi-
  ma Christo,
Alto de sólio vota tuórum
Audi; namque potes fléc-
  tere Natum,
Virgo mater : amas nos quo-
  que natos.
  Divínæ Sóboli qui dare
  matrem
In terris vóluit, glória Pa-
  tri :
Cujus Virgo parens, glória
  Nato :
Quo fecunda, tibi glória,
  Flamen. Amen.
  ℣. Posuisti, Dómine, in
cápite ejus corónam, ℟. De
lápide pretióso.

A Magni-
ficat.

*Ant. 7. G.*    Respe-xit De- us, etc.

# LA FÊTE DE TOUS LES SAINTS.

*A VÉPRES.*

Ps. Dixit,
p. 304.

*Ant. 4. E.*    Benedic- tus De- us, etc.

*Ps.* Confitébor,
*page* 304.



*Ps.* Laudáte,
*page* 306.



nos, etc.

*Ps.* Beatus vir.
*page* 305.



*Ps.* In exitu,
*page* 306.



sumus, etc.

**HYMNE,**
*Du* 1.

Jam vos pascit amor, nú-
  daque véritas :
De pleno bíbitis gáudia flú-
  mine :
Illic perpétuam mens sátiat
  sitim
Sacris ébria fóntibus.
  Altis secum hábitans in
  penetrálibus,
Se Rex ipse suo contúitu
  beat ;
Illabensque, sui pródigus,
  íntimis
Sese méntibus ínserit.
  Altári médio, cui Deus
  ínsidet,
Agni fumat adhuc innócuus
  cruor ;
Quæ mactáta Patri se semel
  óbtulit,
Se jugis litat hóstia.
  Pronis turba senum cér-
  nua fróntibus,
Inter tot rútili fúlgura lú-

minis,
Regnanti Dómino dévovet
  áurea,
Quæ ponit, diadémata.
  Gentes innúmeræ, con-
  spícuæ stolas,
Agni   purpúreo   sánguine
  cándidas,
Palmis læta cohors, cánti-
  bus æmulis
Ter   sanctum   célebrant
  Deum.
  Sit laus summa Patri,
  súmmaque Fílio ;
Sit par, sancte, tibi laus
  quoque, Spíritus,
Qui das pro méritis, ópti-
  mus árbiter,
Te totum simul ómnibus.
  Amen.
  ℣. In lúmine tuo vidébi-
mus lumen : ℟. Prætende
misericórdiam tuam sciénti-
bus te, Dómine.

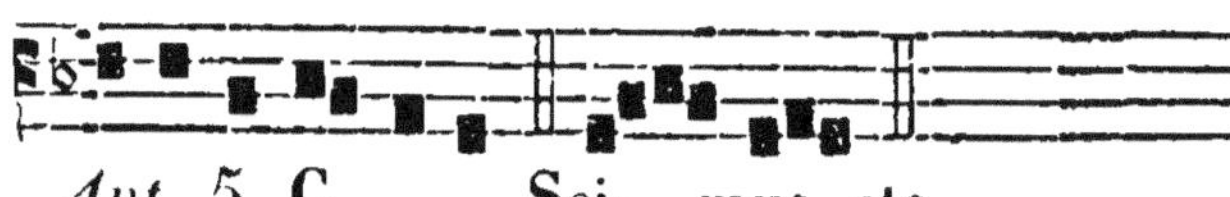



# LA DÉDICACE DE L'ÉGLISE.

*A VÉPRES.*

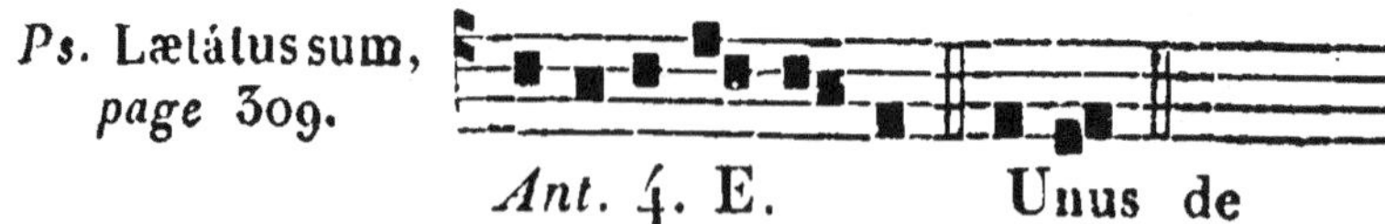

*Ps.* Nisi Dómi-
nus *p.* 309.

*Ps.* Memento,
*page* 311.



PSAUME 136.

Super flúmina Babylónis, illic sédimus, * et flévimus, cùm recordarémur Sion.

In salícibus in médio ejus, * suspéndimus órgana nostra ;

Quia illic interrogavérunt nos, qui captívos duxérunt nos, * verba cantiónum ;

Et qui abduxérunt nos : * Hymnum cantáte nobis de cánticis Sion.

Quómodo cantábimus cánticum Dómini * in terra aliéna ?

Si oblítus fúero tui, Jerúsalem, * oblivióni detur déxtera mea.

Adhæreat lingua mea fáucibus meis, * si non memínero tuî ;

Si non proposúero Jerúsalem * in princípio lætítiæ meæ.

Memor esto, Dómine, filiórum Edom, * in die Jerúsalem ;

Qui dicunt : Exinaníte, exinaníte * usque ad fundamentum in ea.

Fília Babylónis mísera ; * beátus qui retríbuet tibi retributiónem tuam, quam retribuisti nobis.

Beátus qui tenébit, * et allídet párvulos tuos ad petram.

*Ps.* Lauda Jerúsalem, *p.* 309.

HYMNE,
Du 4.

litat De- um.

Qualis ara, quanta sedes
Ipsíus capax Dei !
Quem nec universa terra,
Omne nec cœlum capit,
Orbe parvo se coarctans
Hic latére sústinet.

   Quam libenter hic pudicis
Inserit se córdibus !
Hic amantis tota Christi
Exerit se cáritas :
Hic pater caros sedére
Gestit inter fílios.

   Hinc facesse quem pro-
     fána
Pólluit contágio,
Neu sacrum transíre limen

Inquinátus áudeas :
Ultor astat cum flagellis
Púniens sontes Deus.

   Sit perennis laus Parenti,
Sit perennis Fílio :
Laus tibi qui nectis ambos
Sit perennis, Spíritus,
Chrisma cujus nos inun-
     gens
Viva templa cónsecrat.
   Amen.

℣. Gloriósa dicta sunt
de te, cívitas Dei : ℟. Sicut
lætántium ómnium habitá-
tio est in te.

A Magní-
ficat.

# LE DIMANCHE A COMPLIES.



Cum invocárem, exaudívit me Deus justítiæ meæ : * in tribulatióne dilatasti mihi.

Miserére meî, * et exaudi oratiónem meam.

Filii hóminum, úsque-quò gravi corde? * ut quíd diligitis vanitátem, et quæritis mendácium?

Et scitóte quóniam mirificávit Dóminus Sanctum suum : * Dóminus exáudiet me, cùm clamávero ad eum.

Irascímini, et nolíte peccáre; * quæ dícitis in córdibus vestris, in cubílibus vestris compungímini.

Sacrificáte sacrificium justítiæ, et speráte in Dómino : * multi dicunt : Quis ostendit nobis bona?

Signátum est super nos lumen vultûs tui, Dómine : * dedisti lætítiam in corde meo.

A fructu frumenti, vini, et ólei sui, * multiplicáti sunt.

In pace in idipsum dormiam * et requiescam;

Quóniam tu, Dómine : * singuláriter in spe constituísti me.



Qui hábitat in adjutório Altíssimi, * in protectióne Dei cœli commorábitur.

Dicet Dómino : Susceptor meus es tu et refúgium meum : * Deus meus, sperábo in eum.

Quóniam ipse liberávit me de láqueo venántium, * et à verbo áspero.

Scápulis suis obumbrábit tibi, * et sub pennis ejus sperábis.

Scuto circúmdabit te véritas ejus; * non timébis à timóre nocturno.

A sagitta volante in die, à negótio perambulante in ténebris, * ab incursu, et dæmónio meridiáno.

Cadent à látere tuo mille, et decem míllia à dextris tuis, * ad te autem non appropinquábit.

Verúmtamen óculis tuis considerábis, * et retribuliónem peccatórum vidébis.

Quóniam tu es, Dómine, spes mea : * Altíssimum posuisti refúgium tuum;

Non accédet ad te malum, * flagellum non appropinquábit tabernáculo tuo.

Quóniam Angelis suis mandávit de te, * ut custódiant te in ómnibus viis tuis.

In mánibus portábunt te, * ne forté offendas ad lápidem pedem tuum.

Super áspidem et basiliscum ambulábis, * et conculcábis leónem et dracónem.

Quóniam in me sperávit, liberábo eum : * prótegam eum, quóniam cognóvit nomen meum.

Clamábit ad me, * et ego exáudiam eum.

Cum ipso sum in tribulatióne; * erípiam eum, et glorificábo eum.

Longitúdine diérum replébo eum, * et ostendam illi salutáre meum.

PSAUME 133.

Ecce nunc benedícite Dóminum, * omnes servi Dómini.

Qui statis in domo Dómini, * in átriis domûs Dei nostri.

In nóctibus extóllite manus vestras in sancta, * et benedícite Dóminum.

Benedícat te Dóminus ex Sion, * qui fecit cœlum et terram.

**PENDANT L'AVENT.** *Les Fétes Doubles et au-dessus.*

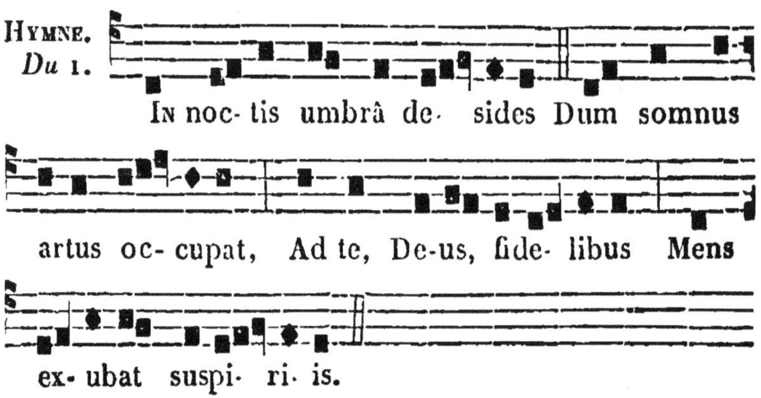


*Autre, pour les Annuels et Solennels-Majeurs.*

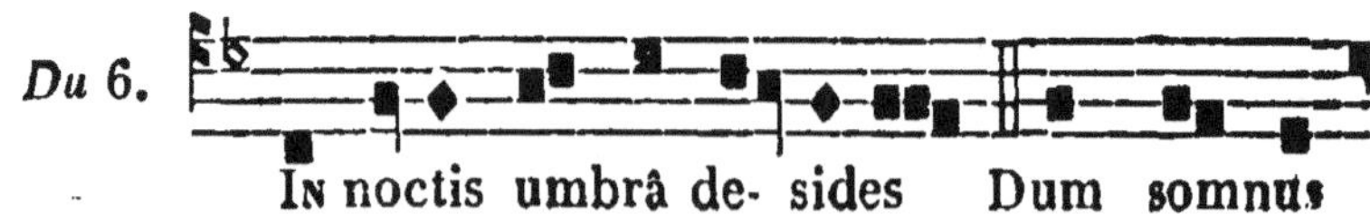

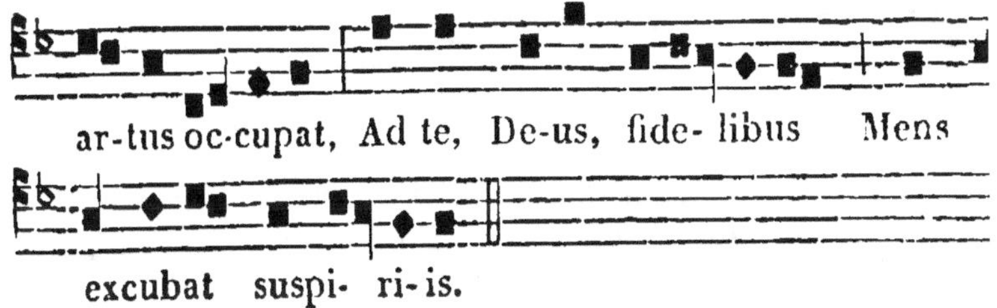


*Les Dimanches ordinaires.*

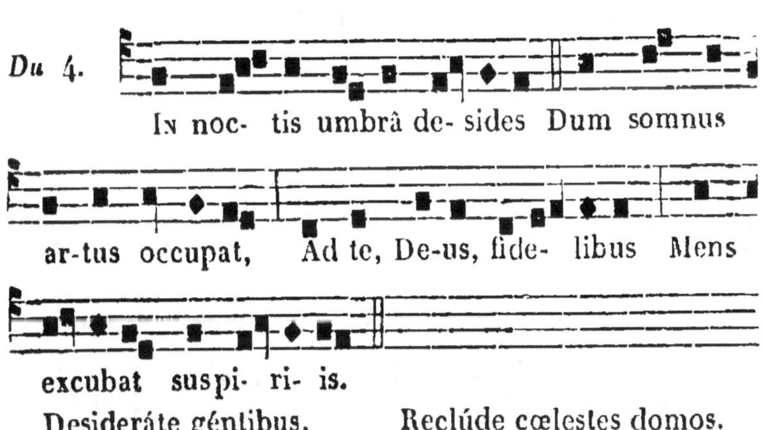


Desideráte géntibus,
Verbum Patris, mundi sa-
  lus,
Audi preces geméntium,
Tandemque lapsos éxcita.
  Adsis, Redemptor, et tuæ
Plebis relaxans crimina,
Adæ scelus quas cláuserat,

Reclúde cœlestes domos.
  Qui liberátor ádvenis,
Fili, tibi laus máxima,
Cum Patre, cumque Spí-
  ritu,
In sempiterna sécula.
  Amen.

## AU TEMPS DE LA NATIVITÉ DE N. S.

Fessos diurno dum levat
Labóre nocturnus sopor,
Defende, Pastor, béstiis
Tuas ab infestis oves.
    O Virgo, quæ paris
        Deum,
Fovesque lactentem sinu,
Hunc flecte nobis quâ vales,

Benigna mater, grátiâ.
    Qui natus es de Vírgine,
Jesu, tibi sit glória,
Cum Patre, cumque Spí-
        ritu,
In sempiterna sécula.
    Amen.

## PENDANT LE CARÊME.

HYMNE,
Du 2.

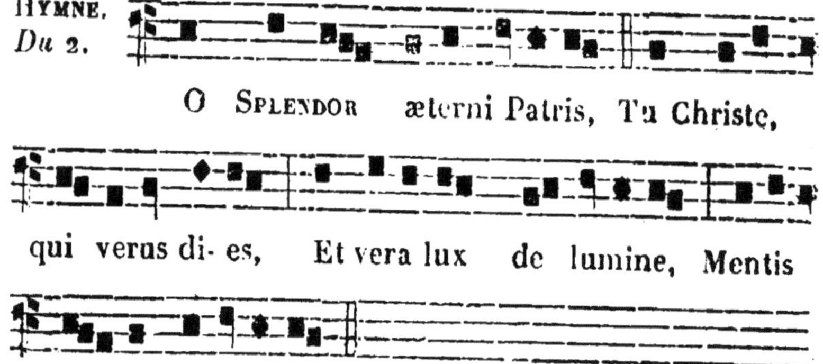



En solis abscessit jubar,
Noctisque succédunt vices;
Qui prósperum donas diem,
Da tuta noctis ótia.
    Si clausa torpent lúmina,
Suspíret ad te mens vigil :
Potente qui te diligunt,
Servos tuére déxterâ.
    Tu, quos molesti córpo-
        ris
Gravis retardat sárcina,

Fac mentis alis líbero,
Sursùm volátu téndere.
    O spes salútis única,
Votis adesto súpplicum,
Defende quos mercátus es
Mercéde fusi sánguinis.
    Deo patri sit glórja.
Ejusque soli Fílio,
Sancto simul cum spíritu
Nunc, et per omne séculum.
    Amen.

## AU TEMPS DE PAQUES.

Nox atra jam terras pre-
met,
Mergetque somno lúmina :
Hostis furórem pérfidi
Artesque cœcas dísjice;
  Ut justa dum curas le-
vat,
Et corpus instaurat quies,
Sic membra somnus óccu-
pet,
Ne corda torpor ópprimat.

Da, Christe, nos tecum
mori,
Tecum simul da súrgere ;
Terréna da centémnere,
Amáre da cœléstia.
  Sit laus Patri, laus Fí-
lio,
Qui nos, triumphátâ nece,
Ad astra secum dux vocat :
Compar tibi laus, Spíritus.
  Amen.

## DEPUIS LA TRINITÉ JUSQU'A L'AVENT.

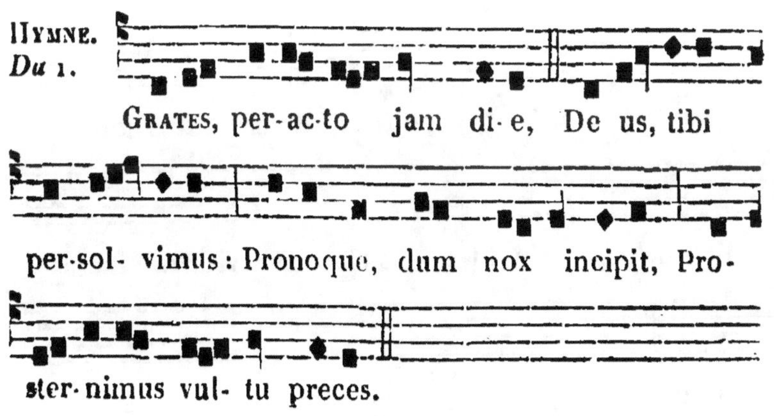

Quod longa peccávit dies,
Amárus éxpiet dolor;
Somno gravátis ne nova
Inflígat hostis vúlnera.

Infestus usque círcuit
Quærens leo quem dévoret:
Umbrâ sub alárum tuos
Defende fílios, Pater.

O quando lucescet tuus
Qui nescit occásum dies!
O quando sancta se dabit,
Quæ nescit hostem, pátria!

Deo Patri sit glória,
Ejusque soli Fílio,
Sancto simul cum Spíritu,
Nunc, et per omne séculum.
Amen.

## LES FÊTES DE LA VIERGE. *Aux Grands-Solennels.*

**Hymne.**
*Du 6 en C.*

*Aux Petits-Solennels.*

*Du 6.*

*Aux Doubles-Majeurs et au-dessous.*

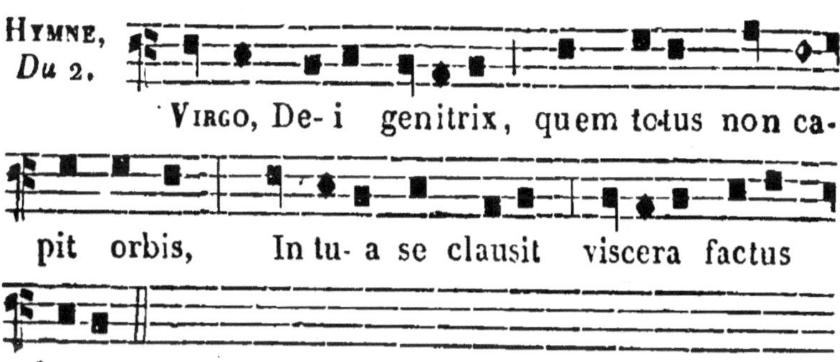


Hinc mérito dicent te sé-
cula cuncta beátam :
Hinc pópuli matrem te do-
minamque colunt.
Suscipe quos pia plebs
tibi péndere certat ho-
nóres :

Annue, sollícità quam prece poscit, opem.
Glória magna Patri : com-
par sit glória Nato :
Ambórum tibi par, Spíritus
alme, decus.
Amen.

Cantique de S. Siméon.

Nunc dimittis servum tu-
um, Dómine, * secun-
dùm verbum tuum, in pace;
Quia vidérunt óculi mei*
salutáre tuum,

Quod parasti * ante fá-
ciem ómnium populórum,
Lumen ad revelatiónem
géntium, * et glóriam plebis
tuæ Israel.

# CHANTS DIVERS

## DES LITANIES DE LA SAINTE VIERGE.

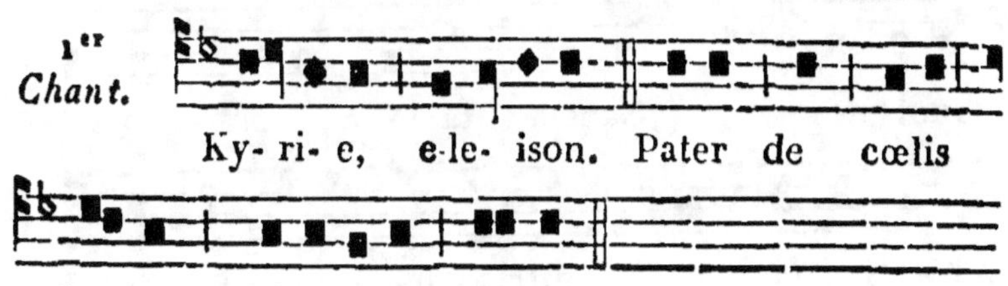

2e Chant.
Kyri-e, ele- ison. Christe, ele-
i-son.
3e Chant.
Kyri-e, e-le- ison. Christe, ele- i-son.
4e Chant. Seul.
Kyri- e, ele- i-son Chri-ste, ele- i-
Le Chœur.
son. Christe, audi nos, Chri-ste
exaudi nos.
5e Chant. Seul.
Kyri-e e-le- i-son. Chri-ste, e-le-
Le Chœur.
ison. Christe, audi nos. Chri-ste,
Seul.
exaudi nos Sancta Mari- a, ora pro
nobis: Sancta De- i ge-nitrix, o- ra, ora

# ANTIENNE AU S. SACREMENT.

## POUR LES SALUTS.

## MOTET.

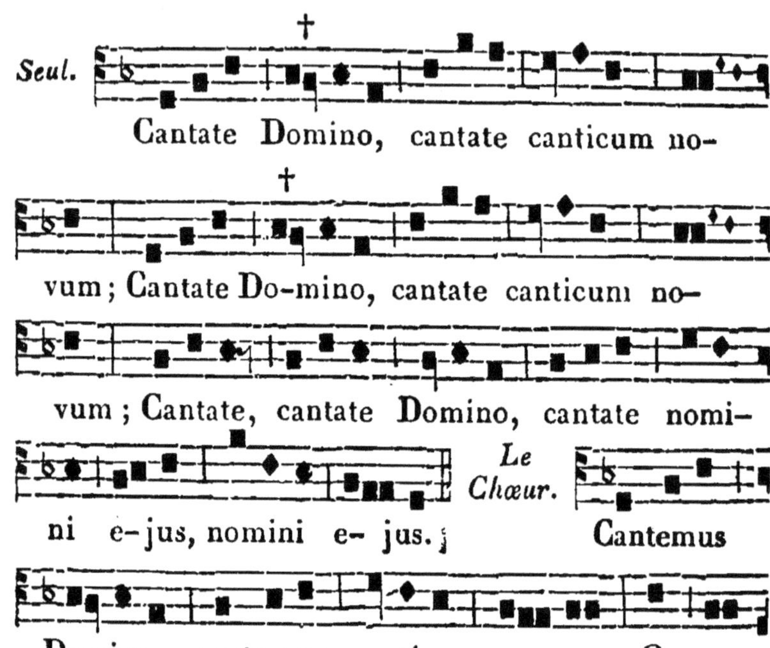



*Voy. p.* 195.

La voix seule répète *Cantate*, et le Chœur *Cantemus* avec la doxologie *Qui carne*, ou celle propre à la fête, si le mètre le permet.

**FIN.**

# TABLE DES MATIÈRES

CONTENUES DANS CE MANUEL.

## MÉTHODE DE PLAIN-CHANT.

### PREMIÈRE PARTIE.



### II PARTIE.

FIN DE LA TABLE.

---

## ERRATA :

*Pag.* 15, *Article* 5 *au lieu de* clé, *lisez :* clef.

pag. 33, *à la place du dernier* 2° *de cette page, lisez* remarque,
*et rétablissez la phrase ainsi :* on trouve quelquefois notées et
l'on pourroit toujours noter, comme *brèves parfaites*, les syllabes terminées par une voyelle suivie immédiatement dans le
même mot d'une autre voyelle, par exemple, les syllabes *si,
tu, de confessionem, mortuorum.*

*Pag.* 58, 3e *lig., au lieu de* tel que, *lisez :* tels que.

*Pag.* 109, 4e *lig., au lieu de* porta, *lisez :* parta.

*Pag.* 131, 4e *portée, la* 4e *note doit être un* fa *sur la* 5e *barre.*

*Pag.* 161, 5e *portée, au lieu de*

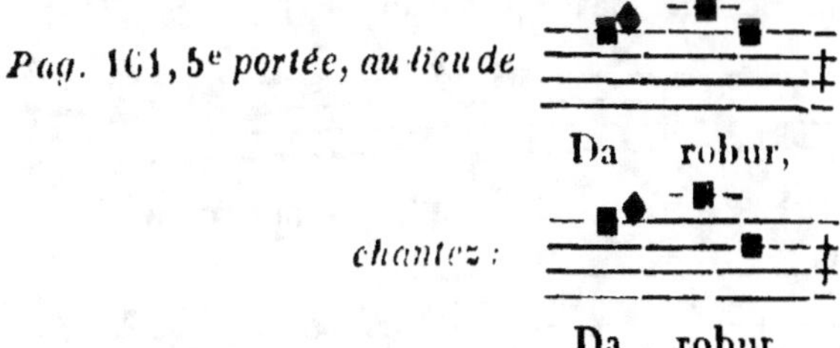



*chantez :*



*Pag.* 281 3e *portée, la* 18e *note doit être un* fa *au-dessus de la*
4e *barre.*

## SALVE.

Seul. Salve, Le Chœur. Salve, S. Salve, Re-
gi-na, salve, salve. Le Ch. Salve, salve, salve,
Regina, sal-ve, sal-ve. S. Ma-ter mi-seri-cordi-æ, vi-ta, dulce-do et spes nostra, sal-ve
Le Ch. Salve, salve, salve, Regina, salve, salve. S. Ad te clama-mus e-xules, fi-
li-i Evæ; Le Ch. Salve, salve, salve, Regina, sal-ve, sal-ve. S. Ad te suspiramus
gementes et flen-tes in hac lacrymarum valle.

Le Ch. Salve, salve, salve, Regina, salve, sal-ve.
S. E-i-a ergò, advocata nostra, illos tuos miseri-cordes oculos ad nos, ad nos
converte. Le Ch. Salve, salve, salve, Regina,
sal-ve, sal-ve. S. Et Je-sum benedictum fructum ventris tu- i nobis post hoc exi-li-um
os-      tende; Le Ch. Salve, salve, salve,
Regina, sal-ve, sal-ve. S. O      cle-mens!
Le Ch. O      pi- a! S. O dul-cis,
dul-cis virgo Mari- a, salve, salve.

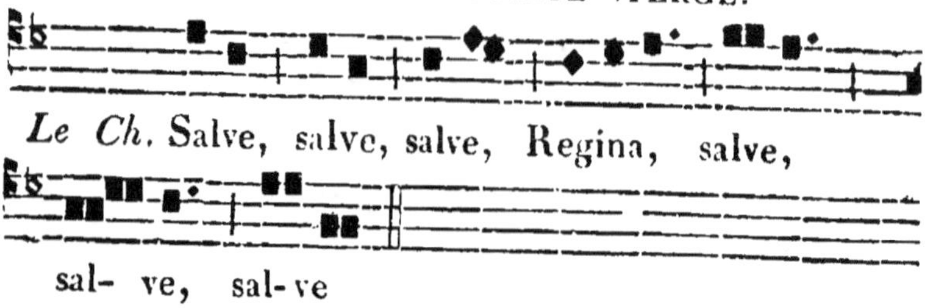

*Le Ch.* Salve, salve, salve, Regina, salve,

sal- ve, sal-ve

*Autrement, la partie du Chœur peut se chanter à deux voix de cette manière :*

Salve.     Salve, salve, salve, Regina,

Salve.     Salve, salve, salve, Regina,

salve, salve.     O     pi- a !

Salve, salve.     O     pi- a !